玛珈山法政文丛

主编：汪全胜 张 铭

和谐理念下
环境法律关系研究

Research on Environmental
Legal Relationship under the
Harmonious Idea

张景明 / 著

7

知识产权出版社

全国百佳图书出版单位

图书在版编目（CIP）数据

和谐理念下环境法律关系研究/张景明著. —北京：知识产权出版社，2015.5
（玛珈山法政文丛/汪全胜，张铭主编）
ISBN 978 − 7 − 5130 − 2907 − 0

Ⅰ.①和… Ⅱ.①张… Ⅲ.①环境法学—研究 Ⅳ.①D912.604

中国版本图书馆 CIP 数据核字（2015）第 188806 号

责任编辑：李学军　　　　　　　　　责任出版：刘译文
装帧设计：张　冀

和谐理念下环境法律关系研究

张景明　著

出版发行：	知识产权出版社 有限责任公司	网　址：	http：//www.ipph.cn
社　址：	北京市海淀区马甸南村 1 号	邮　编：	100088
责编电话：	15611868862	责编邮箱：	752606025@qq.com
发行电话：	010 − 82000860 转 8101/8102	发行传真：	010 − 82000893/82005070/82000270
印　刷：	保定市中画美凯印刷有限公司	经　销：	各大网上书店、新华书店及相关专业书店
开　本：	787mm × 1092mm　1/16	印　张：	10.5
版　次：	2015 年 5 月第 1 版	印　次：	2015 年 5 月第 1 次印刷
字　数：	162 千字	定　价：	36.00 元

ISBN 978-7-5130-2907-0

总　序

　　山东大学（威海）法学院是年轻的法学院。说它年轻，一是成立的时间很短，比不上动辄百年或者少说几十年历史的法学院，如果从 1994 年山东大学威海校区筹建法律系招收经济法专科起算，2014 年才迎来它的 20 年诞辰。如果说有"法学院"名称，那也就是不到 10 年的时间。2004 年，威海校区院系整合，设"法学院"，将原马列部的行政管理专业、社会工作专业并到法律系，建法学院，由谢晖教授出任法学院首任院长。二是师资队伍年轻，平均年龄据我估算，可能也就是 40 岁左右吧。目前，法学院教职员工 70 余人，除原有师资以外，对学院师资引进作出贡献的有两位人物：一位是从河南大学来山东大学威海校区任法律系主任的陈金钊教授，学科初建、专业方兴，陈金钊教授引进了不少人才；另一位就是谢晖教授，2004 年及其后几年，其广纳国内高校的青年才俊。法学院的人才引进不仅引起了国内的注目，更是成效显著。自 2004 年始，科研产出占整个威海校区文科学科的一半甚至还多，是山东大学威海校区乃至山东大学的增长点。年轻，不等于没有资历。在这 20 年的发展过程中，一些学科、一些学者在国内渐有声望，法律方法论研究中心 2006 年被批准为山东省人文社会科学重点基地，逐渐形成了一支职称结构、年龄结构、学历结构、学缘结构都比较合理的学术团队；陈金钊、谢晖、焦宝乾、桑本谦等学者在国内学术界的影响日显，陈金钊、谢晖被称为著名法学家也不为过。山东大学（威海）法学院的声誉、影响力并不比那些有一定历史的法学院低或小，说起山东大学（威海），至少在法学界，会让人联想到山东大学（威海）法学院吧。

学院的发展离不开人才，学科的发展也离不开人才，没有人才或者没有很好的人才成长平台，发展从何谈起?! 山东大学（威海）法学院一方面继续延揽人才，为他们创造良好的成长环境，一方面对于现有人才也想方设法给他们成长的空间，让他们在威海生活得开心、舒心、放心。威海是最适宜人居的城市，但是仅有这样的自然环境还是远远不够的。这几年，一些人追求更高的平台、更大的发展空间，离开威海。先有主张"华夏多元学术文化格局"，不赞成"大家者流，争聚京华皇城脚下"的谢晖教授北上京城；再有为法律系初建、迎着重重困难顶着种种阻力而发展学科、提升层次的陈金钊教授南下华政；还有如罗洪洋教授、桑本谦教授、谢维雁教授、董学立教授、苗金春教授诸君，或东奔，或西走。诚然，人才流动是一种正常现象，但是对我们山东大学（威海）法学院来说未尝不是一种损失，甚至是巨大的损失。

人才、学科是山东大学（威海）法学院发展的着力点。法学院现已形成了法律方法论重点学科、刑法学科、国际法学科、政治学科、立法学科、行政管理学科等学群，一些青年才俊也迅速成长。2013年，山东大学威海校区启动学科建设资金，对法律方法论学科给予重点扶持。自2014年始，法律方法论作为一个专业，将独立招收博士研究生，这是一个很好的发展机遇，也是我院学科发展的良好平台。法律方法论学科（基地）有了学校的支持，有了该学术团队的精诚合作，我相信，该学科还有更大的发展空间。学校学科政策扶强不扶弱，但对于学院来讲，除了重点学科之外，还有更多其他的学科，也需要有一定的政策与经费支持，不能发展一个学科，其他学科就不再考虑了。目前，除了法律方法论学术团队以外，我院其他各专业、各学科人才成长也很快，每年都有教师博士毕业，或主持省部级以上课题。随之，博士论文或课题成果的出版也面临问题。如何扶植这些成长的学科，如何扶持这些年轻才俊，让他们尽快成长，更重要的是，将这些成果推向社会，扩大法学院的影响，这些问题亟须规划与考虑。在这样的背景下，法学院学术委员会经过商议，决定设立"玛珈山法政文丛"，资助年轻教师学术著作的出版，以振兴法学院的学术，继续保持或扩大法学院的发展强势。

这里我首先要感谢知识产权出版社的李学军编辑，因为他的促成与努力，我们才能够将出版文丛的想法付诸实施。法学院与知识产权出版社共同策划、出版"玛珈山法政文丛"，每年计划出版 3~5 本，为我院青年才俊提供成果展示的平台。我相信，"玛珈山法政文丛"的出版，一方面会为我国学术研究增加些许色彩，另一方面也为学界同仁了解山东大学（威海）法学院、山东大学（威海）的学人，提供一个很好的窗口。

本文丛的出版，得到了知识产权出版社特别是李学军编辑的大力支持与帮助，也得到了山东大学威海学科发展经费的资助，在此，特表示诚挚的谢意！

汪全胜

于威海玛珈山下枕涛书斋

2013 年 11 月 17 日

目 录

导　论

一、选题背景及意义

（一）选题背景

1. 和谐社会的构建与生态文明的关系

新中国成立后，经历了百年落后挨打历史的中华民族真正走上了独立发展的道路，在中国共产党领导下，经过全国各族人民的团结奋斗，我国经济、社会和文化等各项事业都获得了长足发展。尤其是改革开放30多年来，我国经济发展更为迅猛，社会生活的各个领域都发生了翻天覆地的变化，综合国力和人民生活水平都大大提高，社会总体处于和谐有序的良好发展状态中。当然，这并不意味着我国社会现在没有矛盾和问题。我国当前的经济、社会发展正处于人均国内生产总值从1000美元到3000美元过渡的关键时期。从国际发展经验来看，这样的时期既是一个社会的黄金发展期，又是矛盾凸显期。随着我国工业化、城镇化和经济结构调整的步伐不断加快，发展不平衡的矛盾日益凸显，社会利益日趋多元化，今后一段时间内，我国经济社会发展面临的矛盾和问题可能会更加复杂、更为突出。从目前的情况看，一些不利于社会和谐与稳定的因素仍不同程度地存在。例如，一些制约经济发展的体制性障碍依旧存在，资源浪费现象还比较严重；城乡人口中还有相当数量没有实现脱贫，"上学难"、"上学贵"和"看病难"、"看病贵"等许多事关基本民生的问题还没有得到很好的解决，不同地区、行业以及人群之间收入差距有逐渐扩大的趋势，等等。这些，都是构建和谐社会所要着力解决的问题。

社会和谐被我党视为中国特色社会主义的本质属性，是国家富强、民族振兴、人民幸福的重要保证，并且实现社会的和谐也是我们党一直不懈奋斗的目标。经过长期的探索与实践，在准确把握时代发展的特点与需要的基础上，2006 年 10 月 11 日中国共产党第十六届中央委员会第六次全体会议通过了《中共中央关于构建社会主义和谐社会若干重大问题的决定》（以下简称《决定》）这样一个具有历史意义的文件，这标志着我们党对执政兴国、对如何建设和发展社会主义和谐社会有了一个更为明确和完整的认识，同时，也为今后各项事业的建设和发展提供了基本的指导思想和价值理念。对于构建社会主义和谐社会的背景及其必要性，《决定》中有非常清晰的阐述，即"新世纪新阶段，我们面临的发展机遇前所未有，面对的挑战也前所未有。和平、发展、合作成为时代潮流，世界多极化和经济全球化的趋势深入发展，科技进步日新月异。同时，国际环境复杂多变，综合国力竞争日趋激烈，影响和平与发展的不稳定、不确定因素增多，我们仍将长期面对发达国家在经济、科技等方面占优势的压力。我国社会主义市场经济体制日趋完善，社会主义物质文明、政治文明、精神文明建设和党的建设不断加强，综合国力大幅提高，人民生活显著改善，社会政治长期保持稳定。同时，我国正处于并将长期处于社会主义初级阶段，人民日益增长的物质文化需要同落后的社会生产之间的矛盾仍然是我国社会的主要矛盾，统筹兼顾各方面利益任务艰巨而繁重。特别要看到，我国已进入改革发展的关键时期，经济体制深刻变革，社会结构深刻变动，利益格局深刻调整，思想观念深刻变化。这种空前的社会变革，给我国发展进步带来巨大活力，也必然带来这样那样的矛盾和问题。我们党要带领人民抓住机遇、应对挑战，把中国特色社会主义伟大事业推向前进，必须坚持以经济建设为中心，把构建社会主义和谐社会摆在更加突出的地位"。❶

社会主义和谐社会的建设涉及社会生活的方方面面，要具体反映到各类具体的关系中。一般认为，人的一生至少要处理好三类关系，分别是人与自然的关系、人与人的关系以及人的身心关系。一个人若能使与自己相关的这三类关系处于一种和谐的状态，那他的人生便是成功的和幸福的。和谐社会的建设自然也要以此三类基本的关系为依托，具体到各类交往关系或社会关系等。显然，和谐社会的建设，对

---

❶ "中共中央关于构建社会主义和谐社会若干重大问题的决定"，载《人民日报》2006年10月19日，第1版。

人与人之间以及人与自然之间的关系更为关注或强调。在这两类关系中，人与人之间的关系是构建和谐社会的核心或关键所在，而人与自然的关系同样是构建和谐社会的基本要义或基石所在。胡锦涛曾指出："我们所要建设的社会主义和谐社会，应该是民主法治、公平正义、诚信友爱、充满活力、安定有序、人与自然和谐相处的社会。"我们认为，在社会主义和谐社会中这些基本特征之间是相互联系、相互作用的，其中，人与自然和谐内在地包含于和谐社会之中，它不仅是和谐社会的重要组成部分，也是构建和谐社会的基石与题中之意。对此，《决定》中也有明确的规定，即要求加强环境治理保护，促进人与自然相和谐。

　　人与自然的和谐关系是生态文明的基本内容之一。能否处理好人与自然的关系，是衡量一个国家生态文明程度高低的重要指标。对于生态文明与和谐社会的关系，有学者认为，生态文明建设是构建社会主义和谐社会的必然要求。具体而言，生态文明"是社会文明在自然环境中的扩展，是一种比工业文明更进步、更高级的文明形态。它以尊重和维护生态环境价值和秩序为主旨，以未来人类的继续发展为着眼点，强调从维护社会、经济、生态系统的整体利益出发，重视资源和生态有限的支撑力，重视人类社会与自然界的相互协调、共同发展。其本质要求是实现人与自然的和谐，进而实现社会、经济与自然的可持续发展"❶。

　　本书非常赞同上面的论述，认为生态文明是构建社会主义和谐社会的重要基础和必然要求。对于生态文明与构建和谐社会的关系，我们可从两个方面来具体把握：

　　一方面，生态文明是构建和谐社会的物质基础。人类所依赖的生存和发展基础是自然环境，不管是物质文明、精神文明还是政治文明的建设，都离不开一个基本的物质依托或载体——自然环境。人类的发展需要以物质文明的发展为基础，物质文明发展的一个重要表现是经济的发展，而经济的发展又是建立在对各种资源的开发和利用的基础上，离开了各种资源，经济的发展便会成为无本之木、无源之水。

---

❶　李红卫："生态文明建设——构建和谐社会的必然要求"，载《学术论坛》2007 年第 6 期，第 170 页。

那么，经济发展所需的各种资源又是从何而来呢？显然，人类经济和社会发展所需要的各种资源主要是从大自然中获得。如果自然环境的生态平衡被打破了、崩溃了，物质文明、精神文明和政治文明等的建设就无从谈起。如果无视或忽视生态文明的建设，我国经济、社会的良性发展将难以为继，已经取得的成果也很难保住。在这种情况下，非但和谐社会的构建难以进行，就连基本的社会稳定与健康发展都将受到威胁和挑战。

另一方面，生态文明是构建和谐社会的必要且迫切之要求。人类是自然系统的一个环节，人类的各项活动必须遵循自然规律，与自然保持和谐的关系。然而，我们看到，现代工业文明在为人类创造丰富的物质财富和精神享受的同时，也引发了资源枯竭、环境污染和臭氧层破坏等生态问题甚至环境灾难。如今，生态环境问题已经成为全球性的问题，我国也不例外。

虽然改革开放极大地解放了社会生产力，刺激了经济的高速增长，但这种增长主要是建立在对自然资源的过度开发和依赖基础上，走的是一条高消耗、低效益的"粗放型"发展道路。在支撑国民经济发展的主要工业类型中，冶金、矿产、纺织、造纸、钢铁、化工、建材等龙头产业几乎全是高耗能、高污染产业。"目前，我国的 GDP 以每年 8% ~12% 的速度增长，环境损失也占到当年 GDP 的 8% ~13%。我国有 1/4 的人口缺乏洁净的饮用水，1/3 的城市人口呼吸着严重污染的空气。污染对公众健康的危害已引发社会成员的强烈不满。据统计，我国由环境污染引发的群体性事件正以年均 29% 的速度递增。我国已提前进入环境事故多发期，松花江水污染事件后，全国平均每两日发生一起水污染事故。环境污染极易与环境公平搅在一起，成为诱发群体性事件的导火索。"❶ 由此可见，和谐社会的构建不能忽视对环境资源的合理开发和利用，违背了这一点，可能会影响社会的稳定。所以，在今后的经济、社会发展中，应该尽快改变"粗放型"的发展模式，重视对生态环境的保护，真正实现与自然和谐基础上的可持续发展。

2. 生态环境面临着愈加严峻的形势

人类的生存与发展，自始至终都离不开与自然的关系，或者征服，

---

❶ 韩香花："生态文明建设与和谐社会的构建"，载《山西高等学校社会科学学报》2010 年第 9 期，第 19 页。

或者利用，或者膜拜，人都是作为自然界的一部分在从事各种活动，在满足自己各种需要的同时，也对自然环境产生着作用。可以说，人类与自然环境的作用是相互的。由于人类的活动或自然原因，可能会使自然环境产生不利于人类生存与生活的变化，以致影响人类的生产和生活，甚至给人类的生命和财产带来毁灭性的灾难，这些都属于环境问题的范畴。就其发生原因看，环境问题主要有两类：一类是自然原因造成的，我们称之为第一环境问题或原生环境问题，如地震、冰雹、海啸、山洪、干旱、火山爆发等；另一类是人类自身行为造成的，我们称之为第二环境问题或次生环境问题。

其中，第一环境问题在人类社会出现以前就存在于自然界中，一般很难为人类所预见和预防，是一种自然现象。此类环境问题对人类社会的影响可大可小，如地震的震级，从 1 级到 8 级、9 级甚至更高，而根据地震对地面及房屋等建筑物受地震破坏的程度，又可将地震划分为不同的烈度。一次地震，不同地区，烈度大小是不同的。距离震源越近，烈度越高，破坏性越大；距离震源越远，烈度越低，破坏越小。一般而言，人们对烈度为 3 度以下的地震并无感觉，只能通过专门的仪表才能测到，地震烈度达到 4 度时，就可以将睡梦中的人们惊醒，6~7 度时会出现房屋破坏、地面裂缝的现象，而当地震烈度达到 10~12 度时，将会对震区产生毁灭性的破坏。整个 20 世纪，全球发生过多起死伤人数上万的重大地震灾害。1923 年 9 月 1 日上午 11 时 58 分日本关东横滨、东京一带 8.2 级地震，超过 13 万人死亡。1939 年 12 月 27 日凌晨 2 时到 5 时土耳其东部城市埃尔津詹 8 级地震，造成 5 万人死亡。1970 年 5 月 31 日，秘鲁钦博特市 7.6 级地震，造成 6 万多人死亡。1960 年 5 月 21 日下午 3 时，智利 8.5 级地震，造成 1 万人死亡或失踪。1976 年 7 月 28 日 3 时 42 分，我国河北唐山发生 7.8 级地震，导致 24.2 万人死亡，整个城市毁于一旦。1985 年 9 月 19 日上午 7 时 19 分，墨西哥西部太平洋沿岸 4 个州发生 7.8 级大地震，造成 3.5 万人死亡。1995 年 1 月 17 日晨 5 时，日本神户地区发生 7.2 级地震，造成 5400 多人死亡。

进入 21 世纪以来，在仅仅 10 年的时间里，全球就发生了十数起伤亡惨重、损失巨大的重大地震，以及由地震引发的强烈海啸等自然灾害。2003 年 12 月 26 日 5 时 28 分，伊朗克尔曼省巴姆古城 6.6 级强震，几乎完全摧毁了这座古城，造成至少5万人死亡。2004年2月24日凌晨2时30分，摩洛哥北部山区6.5级地震，摩洛哥北部山区的荷赛马、菲斯、塔扎发生6.5级地震，至少造成564人死亡。2004年12月26日上午，印尼苏门答腊岛海域8.9级地震，引发强烈海啸，造成至少28万人死亡，包括至少600名华人。2005年3月28日夜，印尼苏门答腊岛附近海域8.7级地震，造成至少1300人死亡。2005年2月22日清晨，伊朗南部克尔曼省6.4级地震，造成至少602人死亡，991人受伤，数千人无家可归。2006年7月17日下午，印尼爪哇岛南部海域7.7级强震，5分钟后引发海啸，袭击爪哇南部沿海一带，造成至少668人死亡。2008年5月12日14时28分4秒，发生在我国四川汶川地区的地震震级达到8级，地震袭来，大地颤抖，山河移位，满目疮痍。这是新中国成立以来破坏性最强、波及范围最大的一次地震，此次地震重创了约50万平方公里的中国大地。汶川地震的震中烈度高达11度，10度区就有约3144万平方公里的面积。据民政部报告，截至2008年9月25日12时，四川汶川地震已确认69227人遇难，374643人受伤，失踪17923人。可见，第一环境问题一旦发生并达到一定程度，对人类所造成的各种破坏是难以估量的，而且这些破坏也是人力所难以掌控或避免的。

与第一环境主要是自然原因引起且具有难以避免和难以抗拒性相比，第二环境问题则主要是由人类的活动所引发。人类自产生伊始就面临着与自然界的交换问题，就会对自然生态系统形成干预。对此，英国学者克莱夫·庞廷指出："在它们（人类）与生态系统的联系中，有两个因素把人类与所有其他动物区分开来。第一，人类是唯一能够威胁以致摧毁自己生存所依赖的环境的生物。第二，人类是唯一的扩展进入了陆地所有生态系统之中的生物，而且，还通过技术的使用支配它们……在全部人类历史上，最重要的任务就是找到从不同的生态系统中获取的方法，这样人类就可以得到足够的资源来维持生存——生物、衣物、居所、能源和其他物质材料。这就不可避免地意味着对自然生态系统的干预。"❶尽管如此，在人类社会发展初期，即采集和

---

❶ ［英］克莱夫·庞廷：《绿色世界史——环境与伟大文明的衰落》，王毅、张学广译，上海人民出版社2002年版，第20页。

渔猎文明时期，乃至后来的农业文明时期，人类活动对生态环境的影响以及造成的生态环境问题都是有限的或者局部性的。但随着西方资本主义生产方式的建立，尤其是地理大发现和殖民侵略所带来的资本主义全球扩张，人类活动对生态环境的影响逐步具有全球性，换言之，人类活动开始以前所未有的强度和广度全面干预地球生态环境。我们知道，工业革命促使资本主义生产方式进入一个崭新阶段，更为重要的是，工业革命对能源等各种自然资源的巨大需求，使人类的资源消耗结构发生了难以逆转的变化，时至今日，尽管人类社会在意识到这种资源消耗对生态环境的负面影响后不断地在探索新的资源利用和消耗方式，但其收效并没有从根本上改变工业革命以来所形成的对部分资源要素的依赖性需求结构。与此同时，"从工业革命开始，人类活动开始对地球环境系统因子中的水和空气产生巨大的影响。水和空气都是具有高度流动性的物质载体。因此，工业革命实际上开启了环境问题跨界化并最终全球化的进程"❶。对此观点，发生在 20 世纪的几个典型的环境事件，尤其是以新、旧"八大公害事件"为代表的环境事件，可以进行有力佐证。

所谓的"旧八大公害事件"，具体是指比利时马斯河谷事件、美国多诺拉事件、美国洛杉矶光化学烟雾事件、英国伦敦烟雾事件、日本四日市哮喘事件、日本水俣病事件、日本"痛痛病"事件和日本米糠油事件。在旧的八大公害事件中，有五个属于大气污染，这显然与当时以煤炭为主要燃料的能源结构有直接关系，而伦敦烟雾事件只不过是素有"雾都"之称的伦敦历史上多达十次以上有记录的烟雾事件中最为严重的一次。在旧八大公害事件中，有一半发生在日本，这与第二次世界大战后日本急于使经济崛起的国策有关。当时的情况是，日本政府对美国协助制定的和平宪法中有关环境保护的条款置之不理，一心只谋求经济的快速发展，忽视环境保护和生态安全，以致酿成如此多的苦果。

"旧八大公害事件"给人类带来的灾难和警告尚未远去，"新八大公害事件"接踵而至，并逐渐具有了全球化的趋势和特性。根据学者们的总结，所谓"新八大公害事件"，是指意大利塞维索化学污染事

❶　张小平：《全球环境治理的法律框架》，法律出版社 2008 年版，第 16 页。

故、美国三里岛核电站泄漏事故、墨西哥液化气爆炸事件、印度波帕尔毒气泄漏事件、苏联切尔诺贝利核电站泄漏事故、瑞士巴塞尔赞多兹化学公司莱茵河污染事故、全球大气污染和非洲大灾荒。新八大公害事件大多发生在以信息技术、生命科学技术、核技术、新能源新材料为代表的第三次浪潮之后的所谓信息化时代。从引发这些事件的物质来看，新的八大公害事件是伴随着人类社会的现代化进程而出现的，无论人类社会进入怎样的时代，社会生产力有多发达，人类在采用高新技术或者借助于一些特殊物质服务于自身的同时，如果忽略这些技术或物质可能对生态环境造成的负面影响，那么，最终受到伤害的不仅是生态环境，而是人类自身。

进入 21 世纪，生态环境问题尽管引起了世界各国的重视，但长期以来，由于人类向自然界过度索取，对生态的过分漠视所引发的恶果是难以在短期内消化和吸收的，人类也在愈加真切地感受到生态环境的破坏和恶化所带来的后果。"由联合国资源研究所、环境署和世界银行共同编写的一份报告称，环境因素是导致人类生病和死亡的主因。每年有大约 400 万儿童死于空气污染引起的呼吸道疾病，与环境有关的传染病，如疟疾，每年造成 1700 万人死亡，每年约有 500 万人由于接触杀虫剂和除草剂而中毒，在整个工业化世界，哮喘病的发病率 20 年来上升了 50%。专家们称，艾滋病、埃博拉病毒和疟疾等新老疾病是人类破坏环境——毁坏森林、灭绝动物物种以及污染水流的直接结果。"❶

此外，需要强调的是，第一环境问题与第二环境问题并非全无关系，尤其是在现代社会中，发生于人类社会中的许多属于第二环境问题的事件的直接诱因是第一环境问题，当然也可以说，二者之间在某些情况下存在着一定的相互影响和相互促进的关系。这也是近年来发生的许多环境事件所展示出来的人类生态环境问题所出现的新现象。其典型的例子是 2011 年 3 月发生在日本的大地震以及由此引发的核泄漏事件。2011 年 3 月 11 日，日本当地时间 13 时 45 分，日本东北部海域发生 9 级地震，震中位于宫城县以东太平洋海域，震源深度 20 公里，地震引发海啸，造成重大人员伤亡和财产损失。据统计，截至当

---

❶ 韩德培：《环境保护法教程》，法律出版社 2005 年版，第 6 页。

地时间 4 月 12 日 19 时，此次地震及其引发的海啸已确认造成 13232人死亡、14554 人失踪。更让世界恐慌的是，此次地震还造成日本福岛第一核电站 1 ~ 4 号机组发生核泄漏事故。据有关部门和专家估测，福岛核电站泄漏量远超 7 级标准，已经超过切尔诺贝利核电站的核泄漏量，并且在核泄漏发生后，由于自然和人为等的多重原因，许多被核燃料所污染的重污染水可能会流入附近大海，其对周边海域和国家的海洋生态环境的影响或损害在短期内是难以估量的。这次由强烈地震引发的核泄漏事件再次对人类的有关活动提出了警告，许多在人类看来能够掌控的事物或者活动，一旦遇到自然界的特殊条件或特殊影响，可能会脱离人类的掌控而对人类社会带来不可预测的灾难。日本福岛核电泄漏事件引发了世界各国政府及人民对利用核能发电的做法的重新审视，反对声一浪高于一浪。可见，人类对于日趋严峻的生态环境问题给予越来越多的关注和重视。

就我国而言，第一环境问题给我们带来的生命和财产方面的损失无须过多列举，在快速进行现代化建设过程中，虽然政府及有关人士逐渐意识到并强调生态环境保护的重要性，强调要坚持人与自然和谐相处的科学发展之路，但不得不说，我们这一认识还来得有些晚，长期形成的对自然界过度索取以及过度依赖资源和环境的粗放型发展模式在短期内难以得到彻底改变，许多西方国家在发展初期所犯下的错误及所遭受的惩罚也或多或少地发生在我们的身上。

由于长期以来我国粗放型的发展模式，人们对生态环境之于人类长远发展的意义缺乏足够的认识，我国的生态环境一直处于恶化当中，尽管近年来在科学发展观的指引下，社会整体的环保意识不断增强，有关各方也注重采取各种措施来遏制生态环境恶化的趋势，改善生态环境，但所取得的成效依然不够，我们所面临的生态环境依然严峻。对此，我们可从这样几个方面或角度来具体认识：

一是土地退化严重。据统计，全国水土流失面积达 367 万平方公里，约占国土面积的 38%，平均每年新增水土流失面积 1 万平方公里；荒漠化土地面积已达 262 万平方公里，并且还以每年 2460 平方公里的速度扩展；扬尘、浮尘和沙尘暴频繁发生。沙化土地 174 万平方公里。全国森林面积 1.59 亿公顷，人均不足世界平均水平的 1/8，乱砍滥伐现象仍然屡禁不止；草地退化、沙化或者碱化的面积达 1.35 亿公顷，约占草地总面积的 1/3，且以每年 200 万公顷的速度增加。虽然我国实施了林业六大工程，土地沙漠化趋势得到减缓，但北方干旱、半干旱地区荒漠化土地分布仍然很广泛，水蚀、风蚀、土壤盐渍化与土壤污染并存，土地的生态服务功能降低。

二是水生态系统失衡，大江大河的污染较为严重。近年来，我国旱涝灾害频发，河流断流现象加剧，不少湖泊萎缩，天然绿洲消失，现有水库蓄水量减少。近海海域环境质量没有明显好转，局部海域污染甚至加重。以我国的渤海海域为例，近年来，渤海的环境状况日趋严峻，纳污能力不堪重负，近岸海域生境恶化，生态结构失衡，典型生态系统受损，生物多样性和珍惜濒危物种减少。人为破坏海洋生态的违法行为仍然未得到有效的遏制。环境污染的加剧，生物资源无节制的开发，使部分海湾和河口已经呈现荒漠化趋势。根据官方公布的数据显示，"渤海水体中的无机盐、活性磷酸盐、铜、化学需氧量、石油、锌等全部超标，一种或多种污染物超过一类水标准的面积已占总面积的 56%。海底泥中，重金属超过国家标准的 2000 倍。40 条流入渤海的河流当中，绝大多数已经被严重污染，而且这些污染还在加剧"❶。

三是生物多样性遭到破坏。我国现有自然保护区的建设质量和管理水平都有待提高，物种濒危和灭绝的速度在加快，生物遗传资源流失严重，林草和生物品种单一化问题突出。目前，濒危或接近濒危的高等植物已占高等植物总数的 15% ～ 20%。外来物种入侵危机生态系统安全，造成巨大的经济损失。野生动物、植物丰富区的面积不断减少，栖息地环境也在恶化，乱捕滥猎和乱挖滥采现象屡禁不止，野生动植物和种类骤减，生物多样性受到严重破坏。

总之，与所有的工业化国家一样，我国的环境污染问题与工业化相伴，尽管在工业化之前就存在程度不同的污染现象，但工业化进程无疑推动和加剧了环境污染的广度和深度。尤其是到了 20 世纪 80 年代，随着改革开放和经济的高速发展，我国的环境污染呈加剧之势，生态破坏的范围在不断扩大。如今，环境问题与人口问题一样，已经

---

❶ 何广顺、王晓惠、周怡圃等：《基于区域经济发展的渤海环境立法研究》，海洋出版社 2009 年版，第 32 页。

成为制约我国经济和社会长远健康发展的两大瓶颈。

　　3. 环境法学应对的理论困境

　　我国生态环境所面临的严峻形势的形成，原因复杂，这些原因既有制度方面的，也有理论方面的，当然也包括实践方面的。概括而言，对于我国生态环境的成因，有学者作出这样的分析："生态保护工作基础薄弱。目前尚没有建立完整的全国生态环境监测网络，不能对生态环境状况作出客观、全面的评价。一些生态产业在税收、政策等方面缺乏国家的政策支持。生态保护投入严重不足，41％的自然保护区未建立管理机构，广大农村地区环境基础设施建设严重滞后。生态保护管理与执法监督体系不健全。生态保护相关法律、法规、政策、标准不完善。生态环境管理体制不顺，环保部门难以发挥统一监管作用。生态保护能力建设落后。大部分地区尚未开展生态保护现场执法工作，各地普遍存在经费紧张、交通工具不足、装备落后等问题。"❶ 诚然，造成当前我国严峻的环境问题的原因有很多，本书将主要从制度层面进行讨论。

　　根据新制度经济学的理论，制度主要包括正式制度和非正式制度。其中，正式制度主要包括政策和法律。就生态环境的保护及问题的解决而言，正式制度显然要发挥着主导性的作用。在正式制度中，法律又应该是主要的。而在与环境保护相关的法律或部门法中，环境法则是最直接的。作为一个新兴部门法的环境法，在短短的 30 年间，不仅在美国、德国和日本等发达国家，而且在中国这样的发展中国家也取得了令人欣慰的发展和成效。在我国，为了避免再走"先污染后治理"的老路，作为根本大法的《宪法》在第 26 条明确规定："国家保护和改善生活环境和生态环境，防治污染或其他公害。"应该说，我国是世界上为数不多的将环境保护作为政府职责直接载入宪法的国家。根据宪法的这一规定，我国又于 1989 年颁布了《环境保护法》。迄今为止，我国与环境资源有关的法律法规已经多达上百件，具备了相当的规模。然而，我国的环境状况依然是局部得到控制，总体仍然恶化。

　　导致这样结果或局面的原因有很多，诸如执法不力、社会环保意识不高以及立法本身也存在许多问题等，既有制度设计方面的原因，

---

❶ 王婷：《三峡地区环境法治概论》，法律出版社 2007 年版，第 29 页。

也有制度实践中的原因。本书认为，我国环境法律制度之所以在实践中未能充分发挥其积极功能，从而在很大程度上影响了我国生态环境保护和相关问题解决的力度，与环境法学中许多基础性的理论尚未真正明确或者形成较为一致的认识有很大的关系，即环境法学的基础理论的困境是造成环境法学面对生态环境保护和生态环境问题解决时陷入困境的根本原因所在。这也正如有学者指出的那样："以研究环境法发展规律和为环境立法提供理论指导为己任的环境法，至今也无一个完整的理论体系。环境法学者自己也很清楚，不仅一个严谨的理论体系没有建立起来，其实，连一个完整的理论框架都没有。而要想使环境法获得真正发展，使人类的环境问题真正解决，使环境法学不再流于肤浅，没有基本理论是不可能的。"❶ 具体而言，这些有待进一步探讨和急需明确的环境法的基本理论包括环境法的基本价值、伦理观、功能、调整对象理论、环境权理论，以及环境法律关系理论等。

法律中不仅包含着理性因素，也内含着价值因素。法律是价值需求的规范形式，任何法律都反映着一种主体的价值需求和追求。同时，主体的价值追求只有体现在法律中才是有效的。价值在某些场合下又是与伦理结合在一起的，环境法的价值追求与其伦理观紧密相连，确立怎样的环境伦理直接影响着环境法价值的选择与追求。至于环境法的基本的或最高的价值追求或者定位又是什么，至今尚未形成较为确定一致的看法。对于环境伦理，学界同样存在不同的观点，这也直接影响了环境法学的理论构建。根据加拿大不列颠哥伦比亚大学的 E. 温克勒教授的总结，当前的环境伦理分为四个流派：泛人道主义、感知主义、生机主义和整体主义。在环境法的功能方面，学者们同样在环境法调整的利益关系方面该持怎样的立场产生争议，如关于环境法的利益救济功能，究竟是采用传统的诉讼途径还是引入公益诉讼，由于理论探讨上未形成较一致的意见，使我国在这一问题的制度设计上犹豫不定，尤其在引入公益诉讼制度方面显得非常谨慎以至于畏缩不前。

当然，我国环境法学在面对生态环境保护时最主要的理论困境在于对环境法律关系这一概念及相关理论未能搞清楚。环境法律关系涉

---

❶ 吕忠梅：《超越与保守——可持续发展视野下的环境法创新》，法律出版社 2003 年版，第 48 页。

及环境法调整的主体或对象，涉及主体的权利（权力）和义务，涉及环境法律规则的设置等问题，因此，环境法律关系对于环境法理论而言是个基础性的理论，需要首先予以明确。然而，遗憾的是，当前学者们并没有对环境法律关系理论进行系统而深入的阐述，这也导致环境法律关系理论成为环境法应对生态环境保护的一个根本性原因。

（二）选题意义

本书以和谐理念下的环境法律关系为题，对在和谐理念下环境法律关系的主体、客体和内容进行系统而深入的研究，这对于我国环境法学及环境法的制度构建和实践都有着重要的理论价值和实践意义。

从理论上看，抓住了环境法律关系理论就是抓住了环境法学的根本，理清了环境法律关系理论就是奠定了环境法学的基础。法律关系理论可以视为整个法学最基础的或者最根本的理论，任何部门法都是通过法律关系来对各种社会关系进行调整和干预的，只有明确了法律关系的主体、客体和内容这三个基本要素，才能准确地定位该部门法的基本价值追求、功能定位和规则设置等基本内容。对于环境法学研究而言，环境法律关系理论更为重要，因为搞清楚了环境法律关系，就明确了环境法的调整对象，并可以据此确定环境法的基本功能、价值追求，以及各方的行为规则等。不仅如此，对环境法律关系理论的研究与探讨有助于我们进一步深化对法律关系理论的认识，由于环境法律关系在主体、客体和内容方面都有其独特之处，因此，对环境法律关系的研究甚至可以在一定程度上修正和完善法律关系理论。

对环境法律关系理论的研究还有着重要的实践意义。当前，我国正在为构建和谐社会而奋斗，我们知道，和谐社会的一项基本内容或基本特征是人与自然关系的和谐，它要求我们正确处理人与自然的关系，尤其是要从法律制度上规范人类的各项活动，避免再因为人类活动而对生态环境造成过多的负面影响。通过明确环境法律关系基本理论，我们可以明确环境法所调整的对象以及相关社会主体在处理涉及生态环境的行为关系时应该遵守的规则，包括相互间的权利和义务，以此来更好地实现对生态环境的保护，从根本上解决当前环境法学在应对生态环境问题所面临的困境。

二、国内外研究现状及评析

生态环境问题如今已经成为一个全球化的问题，如何从法律制度方面对人类的活动及人与自然的关系进行干预和调整，以缓解日趋严峻的生态环境问题，成为各国学者重要的研究课题。例如，美国学者丹尼尔·E. 科尔在其所著的《污染与财产权——环境保护的所有权制度比较研究》一书中，作者试图告诉政策及法律的制定者们，财产权体制，包括私人财产权、公共/国家财产权，以及各种各样的共有财产权，如何进行保护自然环境免受废物、污染以及其他形式的威胁的努力。作者在书中主要探讨了财产权体制与环境保护的关系，他得出的一个基本结论是，没有一种单独的财产权体制在所有的情形下都能够达到最佳的环境保护和自然资源保护效果。哪种财产权体制才是最佳的所有权形式，在很大程度上取决于千变万化的条件，包括经济、生态、文化和历史情形等。没有哪一个经济发达同时环境优美的国家会完全依赖于单一的财产权体制来保护资源或者抵抗污染。作者还指出，对于像中国这样一边发展经济一边试图减少环境破坏的国家来说，这个结论尤为重要。❶ 显然，科尔的研究视角非常独特，所得出的结论也非常具有启发和借鉴意义。此外，美国学者艾伦·杜宁的《多少算够——消费社会与地球的未来》、戴斯·贾丁斯的《环境伦理学》、德国学者约阿希姆·拉德卡的《自然与权力——世界环境史》，以及英国学者彼得·拉塞尔的《觉醒的地球》等著作也都从不同方面对生态环境的保护问题进行了研究，告诫生活在当下的人们要重视对生态环境的保护，并从不同视角提出了相应的建议。

从对国外学者有关研究的收集及介绍中可以看出，国外学者很少有直接提及环境法律关系的研究，他们将更多的精力放在环境法律问题的实证性研究上，更多地关注环境法律制度实施的策略和实施方法的研究。因此，现有对环境法律关系的研究主要集中在国内。

环境法律关系建立在法律关系理论基础之上，就国内的研究而言，法律关系作为一个基本的法学概念其研究历史源远流长，法律关系理论似乎早已成型或完善，以至于很少有学者专门针对法律关系理论进行新的探讨，更多的是在现有的法律关系理论基础上对一些具体领域的法律关系进行分析。在笔者掌握的资料中，朱虎博士的《法律关系

---

❶ ［美］丹尼尔·E. 科尔：《污染与财产权——环境保护的所有权制度比较研究》，严厚福、王社坤译，北京大学出版社 2009 年版，中文版序。

与私法体系：以萨维尼为中心的研究》是一部专门研究和探讨法律关系理论的力作，在该书中作者将萨维尼的法律关系理论作为研究对象，系统而深入地分析了萨维尼法律关系理论建构的背景及其内容，为我们全面而准确地理解法律关系理论提供了参考。正如书中所谈到的那样，萨维尼甚至德国的私法体系的建构是以法律关系作为展开原点或者基础的，法律关系使私法体系具有一种独立前提下的开放性，使其成为一个有机的体系。

对环境法律关系的研究是环境法学者关注的热点话题之一，但这些相关研究一个特点是，学者们基本上都是单独就环境法律关系的某一个要素进行研究，或者环境法律关系主体，或者环境法律关系客体，或者环境法律关系的核心内容——环境权，而很少有学者就环境法律关系的这三个要素系统而集中的进行研究。例外的情形有：蔡守秋发表于《金陵法律评论》2003年春季卷的《环境法律新论——法理视角的分析》一文，该文中作者通过对国外的和国内的、传统的和主流的法律关系理论的追根求源和分析，提出了要区别法定关系与法律关系、现实关系与想象关系、原始关系与侵权关系的观点，主张法律关系向法定关系考虑、想象关系与现实关系脱钩、侵权关系与原始关系分开。在此基础上，作者主张，环境法律关系是指由法律行为形成的人与人的关系和人与自然的关系，并认为，这种环境资源法律关系是一种广义的法律关系。这些研究是我们对环境法律关系进行系统研究的重要前提和理论参考，对于环境法律关系的国内研究现状及其评析，我们可从以下四个方面来进行介绍和总结：

一是关于环境法律关系主体的研究。当前，学者们关于环境法律关系主体的研究成果较为丰富，相关研究除了一般性的探讨外，还包括了动物的法律地位问题、自然物或自然体的法律主体地位问题、环境权主体问题，以及生态人的问题等。与之相关的研究还包括对法律主体的概念分析等。

研究环境法律主体问题首先离不开对法律主体这一概念及基本理论的分析。在这一问题上，龙卫球教授发表在《学术界》（2000年第3期和第4期）的两篇文章很有代表性，他以"法律主体概念的基础性分析——兼论法律的主体预定理论"为题，通过对实证法律的历史分析，就法律主体制度的核心原则和立法思想作出了实证性解释，指出罗马法以来的法律传统中，个人主体性有突出的表现，由此形成了由个人主体性决定的权利法内容的近现代法律局面，在此基础上，龙卫球教授提出了法律的主体预定理论。此外，2002 年第 1 期《清华法学》上还发表了龙卫球教授翻译的美国学者约翰·齐普曼·格雷所撰写的《法律主体》一文，该文对法律主体的基本含义和分类，以及动物、拟制人和超自然人等的法律主体地位问题进行了探讨。李萱博士在其《法律主体资格的开放性》（载《政法论坛》2008 年第 5 期）一文中，结合环境法学的研究，从法律关系的逻辑结构着眼，分析了法律主体制度的法学构造，指出了法律关系逻辑结构具有开放性。

对动物是否应该给予法律主体资格，享有相应的权利，一直是环境法学界乃至超出法学界学者们热衷讨论的话题。此类研究成果也较多，如陈本寒、周平两位学者发表于《中国法学》2002 年第 6 期的《动物法律地位之探讨——兼析我国民事立法对动物的应有定位》一文中，对《德国民法典》的相关规定和国内外学说的考证以及对动物主体化观点的剖析后认为，动物不可能成为人类道德和法律的主体；主张，动物在法律上仍然是特殊的物，有关动物保护的立法是动物商品价值与非商品价值、当代人利益与后代人利益冲突的产物，对动物的区别对待，实际上体现的仍是不同动物对人类的不同利益。同样主张应该赋予动物以民事主体或法律权利的学者还有徐文和杨通进等学者，相关文章分别参见徐文的文章《动物民事主体地位新论——建立物格分层立体制度》[载《西南农业大学学报》（社会科学版）2010年第 5 期]和杨通进的文章《动物拥有权利吗》（载《河南社会科学》2004 年第 6 期）等。杨立新、许翠霞等学者则明确反对动物享有法律主体地位的观点。在杨立新、朱呈义发表于《法学研究》2004 年第 5期的《动物法律人格之否定——兼论动物之法律"物格"》一文中指出，环境伦理学的主张并不能等同于法律学的主张，法律人格无法扩张至动物。奥地利、德国和瑞士等国的民法典的修正主旨并不是赋予动物法律人格。当然，杨立新和朱呈义两位学者也主张对动物的法律规定必须加强，而且在民法中应该将动物作为一类特殊的物来对待，在法律规则的适用上也有别于普通物。许翠霞博士在其《动物真的能够成为法律主体吗？——关于法律主体的前提性说明》[载《安徽大学学报》（哲学社会科学版）2010 年第 6 期]一文中指出，要想成为法律主体必须满足这一逻辑前提，即作为法律秩序内的成员必须对法律秩序和共同规范怀有内在的认同感和自愿服从的义务感，这一逻辑前提决定了理性能力是成为法律主体的必备条件。动物显然不具备人类的理性能力，自然也不能成为法律主体。

有关自然物或自然体的法律主体资格问题的讨论类似于动物的法律主体地位的探讨，都是对传统的法律主体理论的一种挑战或反思，尽管这种挑战的合理性或结果仍在争论中。相关研究成果可参见任海涛的文章《论自然物的法律主体资格》（载《社科纵横》2004 年第 3 期）和方金华、杨艳玲的文章《论自然体环境法律关系主体地位》（载《法治研究》2009 年第 1 期）等文章。

此外，与环境法律关系主体问题相关的研究还有：陈红梅：《后代人环境法主体地位的构建》[载《西南民族大学学报》（人文社科版）2004 年第 5 期]，文章根据代际公平理论，论述了将后代人确立为环境法主体的必要性、可行性和相关制度建构问题；吕欣、李杰赓的文章《环境权主体研究》（载《当代法学》2005 年第 6 期），文章试图从法理学角度对环境权主体进行分析，以突破环境权自提出以来所面临的理论和实践困境，文章分析认为，环境权主体属于权利主体的范畴，但又有其自身特征，环境权的主体包括自然人和人类，而不包括单位、国家和自然体；蔡守秋、吴贤静的文章《论生态人的要点和意义》（载《现代法学》2009 年第 4 期），文中提出了生态人的概念，并分析了其要点和存在的意义，文章认为，生态人模式和理念的确立，可以为公民环境权的正当化、可实施化提供理论根据，等等。

二是关于环境法律关系客体的研究。环境法律关系客体是与环境法律关系主体相对应而存在的，同样是环境法律关系基本构成要素之一。研究环境法律关系客体，不能不首先将眼光放到法律关系客体理论之上。对于法律关系客体的研究，学者们同样给予了很多的关注。相关的研究如学者张旭在其《论法律关系客体及其价值》[载《五邑大学学报》（社会科学版）2003 年第 4 期]一文中，分析了法律关系客体与权利客体、权利标的、法律关系标的等相关概念的区别和联系，最后指出了法律关系客体的价值。孙春伟在《法律关系客体新论》[载《上海师范大学学报》（哲学社会科学版）2005 年第 6 期]一文中反思传统法律关系客体的概念界定后认为，法律关系客体不同于法律上的标的，它应当是法律设定的体现主体权利义务内容的客观事物。孙英伟发表在《河北师范大学学报》（哲学社会科学版）2010 年第 6 期的文章《法律关系客体析疑》则认为，法律关系客体具体而言就是指人的行为，物、智力成果和人身利益等不属于法律关系客体，等等。研究环境法律关系客体的学者不是很多，王刚在其《环境法律关系客体新论》[载《中国海洋大学学报》（社会科学版）2010 年第 6 期]一文中考察法律关系概念的溯源以及法律关系客体的变迁后认为，环境并不能作为环境法律关系客体，生态利益才应该是环境法律关系的客体。

三是关于环境权的研究。如果说学者们对于环境法律关系主体与环境法律关系客体的研究成果主要表现为论文，那么，关于环境权的研究，其成果既包括研究论文，还包括许多专著。法学界对于环境权的研究始于 20 世纪 80 年代，其标志性成果为蔡守秋教授发表于《中国社会科学》1982 年第 3 期的《环境权初探》一文。自此，环境权问题成为环境法学界乃至整个法学界的热点话题之一。在诸多研究论文中，比较有代表性的文章有：朱谦的《环境权的法律属性》（载《中国法学》2001 年第 3 期），作者认为，公益性是环境权的重要特征，在环境保护中，环境权往往既表现出对环境行政权的依附，又表现出对环境行政权的制约的双重属性；古德近同样对环境权的属性进行过论述，发表于《南京社会科学》2003 年第 3 期的《论环境权的属性》指出，环境权的属性与人权、自然权利、道德权利、人格权和财产权有很多关联，但环境权从本质上讲是一种习惯权利，研究环境权的属性对于明确环境权主体、内容和保障方式有决定意义；吴卫星在《环境权内容之辨析》（载《法学评论》2005 年第 2 期）一文中指出，环境权是生态性的实体权利，它不包括经济性权利、知情权和参与权等内容。王群在《论环境权的性质》（载《学术交流》2007 年第 4 期）一文中指出，环境权的提出是普遍利益的要求，符合人权的特性，是一项独立的基本人权。需要注意的是，我国著名的环境法学者徐祥民教授对公民环境权一说持质疑态度，相关文章可参见徐祥民的《对"公民环境权"的几点疑问》（载《中国法学》2004 年第 2 期）和《对"公民环境权"投反对票》（2003 年中国环境资源法学研讨会中国海洋大学法学院论文集）等。

从不同角度来研究环境权的著作也很多，如张震的《作为基本权利的环境权研究》（法律出版社 2010 年版），作者区分了宪法意义上的环境权与部门法意义上的环境权的不同，并对环境权的基本权利属性等问题进行论证；余俊的《环境权的文化之维》（法律出版社 2010 年版）运用阐释学的文化解释方法，从环境与文化相关联的维度揭示了环境权所承载的文化精神与法律操作性功能；吴卫星的《环境权研究：从法学的视角》（法律出版社 2007 年版）对环境权的基本概念、与人权的关系以及相关法律制度的构建等问题进行了较系统的研究。总之，有关环境权的研究著作约有十余部，不同学者从不同的视角或运用不同的理论对环境权及相关理论问题进行阐述，在此不逐一列举。

四是关于环境法律关系的其他研究。除了针对环境法律关系的三个构成要素展开研究外，学者们还就与环境法律关系有关的其他问题进行了研究，或者在研究环境法学的基本理论问题中涉及对环境法律关系的研究。例如，对环境法的调整对象的研究，围绕着环境法的调整对象问题学界曾展开过热烈的讨论，主要的争论围绕着人与自然的关系能否成为环境法的调整对象，其中一方以蔡守秋教授为代表持肯定说，蔡守秋教授在其名著《调整论——对主流法理学的反思与补充》（高等教育出版社 2003 年版）中系统地阐述了人与自然的关系为什么能够成为环境法的调整对象问题。而对此持否定态度的学者质疑人与自然关系被纳入环境法调整对象，坚持法律历来都是调整人的社会关系，如李艳芳的文章《关于环境法调整对象的新思考——对"人与自然关系法律调整论"的质疑》（载《法学家》2002 年第 3 期）；李爱年的文章《环境保护法不能直接调整人与自然的关系》（载《法学评论》2002 年第 3 期），等等。除此之外，学者们在研究环境伦理或环境法学的价值等问题时，也或多或少地会涉及与环境法律关系相关的问题，具体成果及观点，不再详细列出。

总之，从上面关于学界对于环境法律关系的研究现状可以看出，虽然学者们已经对环境法律关系三个构成要素分别已有较为深入和详细的研究，但很少有学者对环境法律关系三要素进行综合研究，并且，分开研究的弊端是，容易忽略三者之间的逻辑关系及环境法律关系的价值定位等问题。因此，对环境法律关系理论的研究仍有很大的思考和拓展空间。

三、研究方法及创新之处

（一）研究方法

本书在研究过程中将采用比较分析、规范分析和实证分析等方法。本书认为，对环境法律关系的研究，尤其是对环境法律关系三个基本要素的重新论证，需要建立在法律关系尤其是民事法律关系理论基础之上，环境法律关系重新界定和研究的前提是对传统法律关系理论进行视角上的转换，在传统法律关系理论基础上提出新的观点或认识，这其中自然离不开比较的方法。因此，比较的方法是本书一个基本的研究方法。

环境法律关系是本书研究的核心概念，同时，与该概念相关的还有和谐理念、环境法律关系主体、环境法律关系客体以及环境权等基本概念，可以说，正是这几个概念搭建了本书研究的基本框架和基本内容。对概念的研究首先离不开对概念含义的解读，离不开对概念进行规范分析。

实证分析有助于加深相关论点的可信度，有助于人们更好地认识和接受相关论述，因此，实证分析是任何研究都不能忽视的一个基本的研究方法。本书在对环境法律关系进行研究时，尤其在研究环境法律关系的三个基本要素时，都或多或少地通过实证的方法来加强有关论述的说服力。

（二）创新之处

本书对环境法律关系的研究，力求在现有研究结论和成果基础上，在学界公认的理论基础上，对环境法律关系乃至法律关系理论进行一定的创新性思考，提出一些自己的独到观点，尽管这些观点与当前环境法律关系及整个环境法基础理论体系一样，都仍然会遇到争论甚至反对，但理论研究贵在提出合理的异议，如此才可能会有理论突破和学术创新。总之，本书在写作过程中有以下几点创新之处：

一是将和谐作为环境法律关系的基本价值定位和价值追求。任何法律规则都要反映或承载相应的法律价值，而法律规则的效力又主要通过法律关系来落实，因此，法律价值要转移到法律关系之中，成为确定和调整法律关系主体之间行为的内在约束。法律价值的内容或种类很多，包括自由、平等和秩序等，从终极意义上讲，自由是法律首要的和根本的价值追求。但就环境法律关系而言，应该确立和谐作为其首要的或基本的价值定位和价值追求，原因在于，环境法律关系虽然实质上仍是人与人之间的关系，但它所指向的对象是人与自然环境的关系，环境法律关系运转的基本价值应该是维护好人与自然的和谐，实现人类社会与自然环境的良性互动与可持续发展。

二是提出了环境法律关系主体载体和环境法律关系客体载体理论。对环境法律关系的认识离不开对法律关系的理解，然而，究竟该如何理解法律关系的含义呢？显然，这是一个看似简单实际上非常复杂的问题。现有的法律关系理论实际上并不能完全容纳各部门法中的法律关系现象，在许多情形下，法律关系理论都面临着理解上的困难，尤其是在法律关系主体和法律关系客体的内容理解方面，经常会让人感到困惑。为了增强法律的包容性，在现有的法律关系理论框架内，本书提出了环境法律关系主体载体和环境法律关系客体载体理论，也即从法律关系主体和客体中分别分化出来相应的载体，也许这是一个可能招致很多反对和批评之声，甚至难以完全自圆其说的冒险举动，但其中毕竟凝结了笔者对环境法律关系及其理论的思考。

三是认为环境法律关系客体是环境行为。现行的法律关系理论中所讲的法律关系客体，一般认为主要包括物、行为和非物质财富（或智力成果）三大类，虽然也有不同的观点，但基本上都认为法律关系客体包括行为和事物两大部分。本书则认为，法律关系的客体只有一个，那就是法律行为。同样道理，环境法律关系客体也只是指可能对生态环境产生一定影响的各类行为。

除此之外，本书还就如何构建和谐的环境法律关系，从而推动环境法走出应对环境问题的困境，以更好地从制度上解决我国所面临的生态环境问题等，提出了自己的看法和建议。

第一章　环境法律关系的
含义与价值追求

　　法律关系是法学理论与法律实践的一个核心概念，研究环境法同样需要对环境法律关系的思考和探讨。环境法律关系理论一方面建立在法律关系理论基础之上，另一方面也有着自己的特点。法律文本中所规定的权利和义务要通过法律关系的运转来实现，环境法律文本所规定的权利、义务、职权和责任等也离不开环境法律关系的实践运转。在环境法律关系运转实践中，必然涉及环境伦理及其价值追求问题。环境法的价值最主要体现于环境法律关系之中，既指导环境法律关系的运转，又通过环境法律关系的运转予以实现。美国著名法学家庞德说过："价值问题虽然是一个困难的问题，它是法律科学不能回避的。即使是最粗糙的、最草率的或最反复无常的关系调整或行为安排，在其背后总有对各种互相冲突和互相重叠的利益进行评价的某种准则。"❶ 法律价值问题是法理学的一个基本问题，也是任何部门法学不能回避的问题。对环境法学来讲，环境法的价值与环境伦理都是处于环境法背后对环境法各种冲突或重叠的利益进行评价的价值性准则。本章就与环境法律关系含义、价值追求及其相关的环境伦理等问题进行探讨。

一、环境法律关系的含义与特征

（一）法律关系的含义及其构成要素

　　法律关系是法理学研究法律现象的最基本概念和范畴之一，在一定意义上也可以说，任何法律现象的存在都是为了处理某种法律关系，

---

❶ ［美］庞德：《通过法律的社会控制——法律的任务》，沈宗灵、董世忠译，商务印书馆 1984 年版，第 55 页。

或者说法律对任何社会关系的调整都是在法律关系框架内进行的。没有对法律关系的认知和操作就不可能对法律问题作任何技术性分析，没有法律事实与法律关系的相互作用就不可能科学地理解法律规范的含义。

　　法律关系的观念在历史上最早来源于罗马法"法锁"的观念，而"法锁"的观念又是与"债"的观念直接相关的。按照罗马法的解释，"债"的意义有二：债权人得请求他人为一定的给付；债务人应请求而为一定的给付。债本质上是根据法律，要求人们为一定给付的"法锁"。由此可见，"法锁"的观念非常形象地描述了债作为私法关系存在的客观约束性，这为近代法律关系理论的创立奠定了基础。到19世纪，法律关系作为一个专门的法律概念而出现。在法学上，德国法学家萨维尼于1893年第一次对法律关系作了理论阐述。此后，德国学说汇纂派著名代表温德雪德的《学说汇纂教程》、法学家诺伊纳的《私法关系的本质与种类》以及彭夏尔特的《基本的法律关系》等著作，对法律关系进行了专门的研究。在英美法系国家中，美国西北大学法学教授考库雷克于1927年出版的《法律关系》一书，较为系统地探讨了法律关系的一般理论。由此可见，法律关系作为一个重要的法学概念和一项重要的法学理论，已经为大陆法系和英美法系所共同认可。那么，该如何来理解法律关系的含义呢？

　　我国著名法理学家张文显教授曾这样界定法律关系的含义："法律关系是法律规范在指引人们的社会行为，调整社会关系过程中所形成的人们之间的权利义务关系，是社会内容和法的形式的统一。"[1] 朱景文教授则是这样界定的："法律关系是根据法律规范产生的以主体之间的权利义务关系的形式表现出来的特殊的社会关系。"[2] 谢晖和陈金钊两位教授合著的《法理学》一书也对法律关系进行了界定："法律关系是主体因为一定利益需要而在交往中形成的社会关系被纳入国家法律规范体系后所形成的以权利和义务为内容的社会关系。"[3] 以上几种界定可以视为我国法理学界对法律关系的含义所作的具有代表性的界定和认知，但认真研读这些界定之后，我们发现，我国法理学界

---

[1]　张文显：《法学基本范畴研究》，中国政法大学出版社1993年版，第160页。
[2]　孙国华主编：《法理学》，法律出版社1995年版，第373页。
[3]　谢晖、陈金钊：《法理学》，高等教育出版社2005年版，第236页。

对法律关系的理论研究，主要是以民事法律关系为蓝本来构建法律关系的基本理论体系，甚至可以视为民事法律关系的简单翻版。正如周旺生教授所指出的："40 年来法律关系理论研究一直是个颇为薄弱的环节，法学著述中所讲的法律关系片面地限制在民事权利与义务方面。"❶ 实际上，不只是民法，在宪法、刑法、行政法、经济法、环境法和诉讼法等所有法律部门都存在相应的法律关系。法律关系是一条主线，它贯穿于每一个部门法中，因为，如果法律规范不转化为法律关系，那么，它们只不过是纸面上的文字，难以在现实生活中得到实现，发挥实际效力。因此，本书认为，有必要对国内现有的关于法律关系的理论进行反思和一定程度上的重构，而本书所选择的视角是环境法律关系，即通过对环境法律关系进行分析来改进有关法律关系的理论。

尽管本书认为，现有的关于法律关系的界定有改进的空间，但对现有法律关系理论中关于法律关系构成要素的通说还是接受的，即法律关系包括法律关系的主体、法律关系的客体和法律关系的内容三个要素。只不过，本书将结合环境法律关系的特点来详细论述环境法律关系三个要素各自的内容，在相关论述中逐步提出对现有法律关系理论的不同看法。

（二）环境法律关系的含义

作为一门后兴学科，环境法学从其一诞生便面临着诸多的理论难题和理论争论，解决环境法学所存在的理论难题虽非笔者文力所及，但本书仍试图择取其中的关键性或基础性理论——环境法律关系理论，对环境法学的一些相关的基础性问题和理论进行探讨和分析。如前文指出的那样，在法学研究领域中，法律关系应该是一个非常重要和基础的概念范畴，它甚至比权利这个概念更具基础性。因为在规范法学中，权利是一个被限定于实证法框架下的概念，法律关系则容纳了主体、权利（义务）和客体等多个要素，它比权利的内涵更为丰富。这也是为什么我国著名法学家梁慧星教授得出"法书万卷，头结纷繁，莫可究诘，然一言以蔽之，其所研究或所规定者，不外法律关系而已"❷ 的论断之原因所在。

---

❶ 周旺生："中国法制理论 40 年检讨"，见张文显、李步云主编：《法理学论丛》（第 1 卷），法律出版社 1999 年版，第 214 页。

❷ 梁慧星：《民法总论》，法律出版社 1996 年版，第 47 页。

那么，该如何理解环境法律关系的含义呢？如果套用法理学关于法律关系概念的界定，环境法律关系的定义似乎并不难给出。但是，法理学中亦即我国法学界当前主要援引的法律关系的界定的一个基本特点是，将法律关系定位为一种权利和义务关系。对此，童之伟教授曾撰文指出："法律关系内容权利义务说的一个不可弥补的缺陷是，它用作核心范畴的权利和义务概念涵盖不了真实的公法关系中的权力因素，因而只适用于解释私法关系，不能合理解释公法关系。"❶ 的确如此，以权利义务关系为内容的传统法律关系的界定难以涵盖诸如宪法、刑法和环境法等部门法，因此，我们在界定环境法律关系含义时不应简单套用现有的关于法律关系含义的通常界定，尤其是在环境法律关系内容方面。

鉴于环境法的独特使命，学者们对其倾注了非常多的期待，希望能够通过环境法律的制定和实施来扭转人类活动对生态环境所造成的越加严峻的破坏的恶劣局面，因此，提出了许多新的命题，如动物的法律地位和权利问题、后代人的法律主体地位问题以及环境法的调整对象问题等。不可否认的是，这些命题的提出，包含着学者们对环境法功能及生态环境由此得以改善的良好愿望，但这些命题中，有些因过于突破现有理论框架而引致争论。这些争论中有很多都涉及我们对环境法律关系的界定，这也是本书在界定环境法律关系这一概念的内涵以及概括其特征时不得不面对和解决的，尽管这种解决也只是众多争论中的立场和观点之一而已。结合本书的结构和研究的需要，对于环境法律关系主体和客体所涉及的一些争论问题将留在后面的有关章节中予以探讨，在此仅对环境法律关系究竟是一种怎样的社会关系进行探讨。而这一问题也可以转换为环境法究竟调整怎样的社会关系，除了调整人与人之间的关系外，是否还调整人与自然的关系。

根据传统的法律关系理论，法律关系是人们作为法律规范所规定的权利义务的承担者而参加的社会关系。某种关系要想成为社会关系必须具备两个条件：一是它必须是发生在人类社会中的人与人之间所结成的关系；二是它必须是一种客观的、实际存在的，与人们的行为

---

❶　童之伟："法律关系的内容重估和概念重整"，载《中国法学》1999 年第 6 期，第26 页。

和活动相伴而生的社会联系。从中我们可以得知，法律关系因法律规范的调整而形成，法律仅调整人与人之间的关系，故法律关系对应的只是人与人之间的关系。对此，有学者发表了不同的见解，认为法律不仅调整人与人之间的关系，诸如人与自然的关系也可以作为法律（环境法）调整的对象，并以此向传统法理学发难。蔡守秋教授是这一论点的首倡者和向传统法律关系或法理学发难的第一人。

蔡守秋教授在其《调整论——对主流法理学的反思与补充》一书中最先提出了环境资源法调整论，即环境资源法既调整人与人之间的关系，又调整人与自然的关系。对于调整的含义，蔡教授认为，环境资源法能够调整人与自然的关系应该包含这样五层含义：一是环境资源法只有通过其规定（立法）和实施才能调整人与自然的关系；二是环境资源法能够调整人与自然的关系并没有否认环境资源法可以调整人与人之间的关系，调整包括直接调整和间接调整等各种方式；三是环境资源法能够调整人与自然的关系，既不是指大自然或物能够调整人与自然的关系，也不是指环境资源法能够调整自然（或环境资源）或自然过程，调整是一种特殊行为或活动，在环境资源法调整人与自然的关系过程中，调整的主体为环境资源法，被调整的对象即客体为人与自然的关系、人与人的关系；四是环境资源法对人与自然关系的调整是一个渐进的、不断发展的过程，可以进行评价；五是用法律保护和改善环境资源，实际就是用法律调整人与自然的关系。❶

对于蔡守秋教授的观点，有学者明确表示反对，如李爱年教授在其《环境保护法不能直接调整人与自然的关系》一文中提出，环境保护法直接调整人与自然关系的观点有三点不妥：第一，违背了法学的基本原理，混淆了法律规范与技术规范的界限；第二，否认了人的主观能动性；第三，把人之子系统与生态大系统对立起来。❷ 除了李爱年教授外，一些著名的环境法学者也都表达了环境法只能调整人与人之间的关系的观点，如金瑞林教授认为："法律是调整人的行为的，任何法律关系都直接表现为人与人之的关系，是人们之间的社会关系在法律上的反映，这是一切法律关系共同具有的特征，环境法律关系

❶ 蔡守秋：《调整论——对主流法理学的反思与补充》，高等教育出版社2003年版。
❷ 李爱年："环境保护法不能直接调整人与自然的关系"，载《法学评论》2002年第3期，第74~78页。

也不例外。"❶ 吕忠梅教授也认为："法的意志性是无法加诸于环境这一客观物质世界之上的。"❷ 但是，对于反对环境法可以调整人与自然关系的观点，同样有学者给予了回应，表示支持蔡守秋教授的观点。李挚萍教授认为，人与自然的关系应该成为法律调整的对象，法律可以调整人与自然的关系，其原因在于人与自然关系变化的主导因素是人，人类在自然中具有特殊地位，人与自然的和谐乃至协同进化，其主导方面在于人，通过调整人的行为可以调整人与自然的关系。再者，自然规律是可以被认识和利用的，自然规律就是自然的"意志"，人不能改变它，但可以认识它。人类可以通过用自然规律指导立法，把自然规律的要求上升为法律要求，是法律调整人与自然的关系不仅成为可能，而且是切实可行的。❸ 郭红欣更是直接以商榷的方式回应了李爱年教授的质疑和观点，论证了环境法能够调整人与自然的关系。作者在其文章结尾论述道："环境保护法对人与自然关系的调整，并不是对传统法理学对人与人关系调整的否定，而是一种深化、发展。这是对只调整人与人关系的传统法学的超越。环境保护法通过调整人与自然的关系，预防、减少、治理环境污染和环境破坏，合理开发利用和节约环境资源，保护和改善环境，按照自然生态规律和社会经济规律调整好人与自然的关系。"❹

　　本书认为，法律关系作为一种法律作用于社会关系而形成的关系范畴，它是人们在相互交往和社会活动中所形成的人与人之间的联系，它不同于人与物的关系，也不同于人与自然的关系，更不同于人的身心关系。虽然现实生活中人与人之间的关系和人与物、人与环境的关系是交织在一起的，如果不能正确处理好人与物、人与自然的关系，会直接影响到人与人的关系，但这并不意味着人与物、人与自然的关系也属于法律关系的范畴。例如，国家对珍稀动物野生大熊猫的保护，其中所存在的法律关系并不是国家与大熊猫之间，也不是广大公民与

---

❶　金瑞林：《环境法学》，北京大学出版社 1990 年版，第 37 页。

❷　吕忠梅：《环境法》，法律出版社 1997 年版，第 44 页。

❸　李挚萍："试论法对人与自然关系的调整"，载《中山大学学报》（社会科学版）2001 年第 2 期，第 102 ~ 104 页。

❹　郭红欣："环境保护法能够调整人与自然的关系——兼与李爱年教授商榷"，载《法学评论》2002 年第 6 期，第 74 页。

大熊猫之间的关系，而是不同的主管部门同公民之间以及公民之间关于大熊猫的保护所形成的关系。本书反对将人与自然的关系纳入环境法律关系的范畴，坚持将环境法律关系视为一种人与人之间的社会关系。结合前文对环境法律关系内容的分析，本书认为，环境法律关系是指由环境法律规范的调整而形成的，以权利义务为基础性内容的人与人之间的环境行为关系。

（三）环境法律关系的特征

本书对环境法律关系含义的界定是建立在现有的关于法律关系通说理论基础之上的，同时也对现有理论进行了一定的修正，并顾及了环境法的特殊之处。在这一界定基础上，结合笔者对环境法学和环境法律关系的理解，笔者认为，环境法律关系具有以下三个特征：

第一，环境法律关系因环境法律规范的调整而形成。法律关系与法律规范具有内在关联性，这是法律关系区别于其他社会关系的重要特征。法律规范是国家制定或认可的行为规范，是国家规定人们可以为或不可以为一定行为的准则。法律规范规定了人们的权利和义务，而法律关系则反映法律规范规定和保障人们的权利和义务关系，并将文本中的权利和义务转化为实际行为中的权利和义务，即所谓的法律规范是法律关系产生的前提。环境法律关系的产生也不例外，它同样基于法律规范调整而形成，只不过，这里的法律规范具体指的是环境法律规范，包括直接的或间接的环境法律规范。

第二，环境法律关系具有综合性。环境法与民法、刑法和行政法等部门法不同，它不只是单一地规定民事、刑事或行政关系，而是把与生态环境或环境资源有关的各种行为关系都纳入其调整的范围。这其中，既有环境民事权益方面的关系，也有环境犯罪行为方面的关系，还有环境行政管理方面的关系；既有有关环境保护的实体性规定，也有有关环境保护的程序性规定。不仅如此，环境法的调整方法也具有综合性。因此，环境法的这一特点决定了环境法律关系也具有综合性的特点。

第三，环境法律关系在构成要素方面也是由三个部分构成，即环境法律关系主体、环境法律关系内容和环境法律关系客体。几乎所有的研究法律关系和环境法律关系的学者对于法律关系和环境法律关系的这三个构成要素，都不存在异议，但对于三个要素的具体内容则有着不同见解。

　　一般认为，法律关系主体包括自然人和各种拟制的人或社会组织两大类。法律关系内容，是指法律关系主体所享有的权利和承担的义务。法律关系客体，是指法律关系主体的权利和义务所指向的对象，大体包括物、行为和智力成果（或非物质财富）等。

　　但是，调整论者对环境法律关系构成要素的内容有着不同的看法，他们虽然认可环境法律关系的主体、内容和客体三要素，但认为，"环境资源法律关系是由环境资源法律规定或控制（又称规制）的行为（即环境资源法律行为，简称环境法律行为，包括行为和状态、作为和不作为、合法行为和违法行为）所形成的环境社会关系，它包括三个不能或缺的构成要素，即主体、客体和内容。主体是环境法律行为的发起者；客体是环境法律行为的作用对象，主要有环境、资源和其他对象；内容是环境法律行为本身，主要包括享受权利和行为和履行义务的行为，即权利和义务"❶。

　　笔者认为，环境法律关系主体除了自然人和社会组织外，不包括拟制的主体如后代人，而动物更应该被排除在环境法律法律关系主体范畴之外；环境法律关系的客体只有一个，那就是环境法律行为。我们在理解环境法律关系的主体和客体时，应该注意区分环境法律关系的主体和客体同其各自的载体，对于环境法律关系主体和主体载体以及环境法律关系客体和客体载体问题，后文将作详细论述。在此要强调的是，环境法律关系的内容不仅包括权利和义务，还应该包括权力、责任等，权利和义务只是环境法律关系的基础性内容。

　　最后，环境法律关系仍然是一种人与人之间的行为关系，而且是与环境有关的行为关系或称为环境行为关系，人与自然之间的关系不属于环境法律关系的范畴。对此，前文关于环境法调整对象的论述已经探讨过，笔者反对将人与自然的关系纳入环境法律关系的范畴，而是坚持认为，环境法律关系就是环境法律关系主体之间的关系是人与人之间的社会关系或行为关系。这样的界定同样不否认人与自然之间存在关系，同样主张应该更好地改善人与自然的关系，但这样的愿望

　　❶　蔡守秋："环境法律关系新论——法理视角的分析"，载《金陵法律评论》（2003年春季卷），第64页。

再强烈也不应该忽视法学理论的严谨性与整体性。从根本上讲，人类修立法律来规范人的行为以抑制其对生态环境的负面影响，最终目的仍然是人类更好地生存与发展。在这个问题的认识上，笔者非常赞同李艳芳教授的论述，即"环境法是出于人类的整体利益和长远利益的目的而对人的行为进行规范和限制，当环境法在限制某一个人、某一些人的权利的时候，所保护的是他人、人类整体的权利。任何时候，它都是人的法，是人类关于自己行为对自然、环境的影响的规范和控制的法律"❶。

二、环境法的价值追求与环境伦理

（一）法律价值及法律的主要价值

价值问题是包括法学在内的人文社会科学都不能忽视的基础性问题。价值这个概念有多种用法。在日常生活中，价值一般是指一种事物对人的意义或有用性。在经济学上，价值是与使用价值相对而言的，指的是凝结在商品中的无差别的人类劳动，即商品的劳动价值。在哲学上，价值是与事实相对应的概念。一般认为，英国哲学家休谟最早研究了价值与事实问题，即所谓的"休谟铡刀"。英国哲学家大卫·休谟在《论人的本质》中阐述了"一个人不能从是中推论出应该是"这样一个命题，他认为，纯事实的、描述性的论述本身只能赋予或暗示着其他事实的、描述的论述，而永远不会得出标准、伦理见解或做某些事情的规定。这个命题被贴切地称为"休谟铡刀"，意思是他在事实领域和价值领域之间作了"一刀切"的逻辑区分。休谟认为，人们对事实的研究在于追求"真"，对于"价值"的研究则在于追求"善"和"美"。自19世纪兴起价值哲学后，西方学者开始对价值问题进行了大规模的研究，包括对法学领域中法律价值的研究。

法律价值，亦称法律的价值，这一概念移植自西方法学。西方法学界对法律价值的使用大体可归纳为三个方面："第一，法律所依赖的客观基础，这包括法律与人的本性特别是与理性的关系，法律对道德的依赖，所具有的道德性、正义性和合理性。第二，法律的作用、

---

❶　李艳芳："关于环境法调整对象的新思考——对'人与自然关系法律调整论'的质疑"，载《法学家》2002年第3期，第85页。

功能或意义，以及法律所追求的目标或理想，如正义、自由、平等、安全、和平、公共福利。第三，人对法律的评价和判断，以及所依据的标准等。大多数法学家侧重于从后两个方面特别是第三个方面理解法律价值。"❶ 我国学者在研究法律价值时一般认为，法律价值取决于两个方面：一是法律的客观存在及其属性；二是人的需要。法律价值反映的就是这两个方面的关系，即法律所具有的内在属性与人对法律的需要的关联性。换言之，法律价值是体现法律和人的关系的一个范畴，是法律的存在及其能够满足社会主体需要的属性对人类社会的意义。

需要强调的是，本书所说的法律既包括实在的法律——实在法，也包括理想的法律——应然法。对于实在法而言，法律价值可能是它们应追求的但尚未完全实现的东西，因此，法律价值主要有三层含义：一是法律自身的价值，即法律对于人类社会的积极作用或意义；二是法律的价值目标，即法律所应追求的价值和法律所能促进的价值；三是法律的价值评价，即对实在法的价值所进行的评价。这三者共同构成了法律的价值体系。在法律的价值体系中，法律的价值目标具有主导地位。法律对何种价值目标的追求在很大程度上决定着法律自身的好坏，并对实现法律自身的价值也具有重要的指导意义。因此，本书所谓的法律价值主要是从法律的价值目标这个意义上来讲的，探讨法律价值着重探讨的也是法律所要确立或追求的价值目标。一般认为，法律价值目标也即法律的主要价值包括自由、正义、平等、安全、秩序和效率等。

上文所述法律的各类价值之间并不是协调一致、毫无冲突的。由于文化传统、社会发展程度和个体心理等因素，时常会出现不同的法律价值相互冲突的现象，这就需要确立相应的冲突解决机制。价值位阶原则是常用的一项解决法律价值冲突的机制，即对法律的各项具体价值进行排序，确定法律的首要价值和次要价值等，尽管这种排序会招致很多质疑或批评，但只有在确立了法律的首要价值并对发生冲突的价值进行排序之后，在许多情况下，才有助于更好地实施法律，发挥法律的功能。除了价值位阶原则外，还有个案平衡等解决机制问题。

---

❶ 严存生：《法律的价值》，陕西人民出版社 1991 年版，第 28 页。

此外，还有学者期望，在发生法律价值冲突时，应该注重通过主体间的对话来解决。例如，谢晖教授指出："对话是对话者间意义碰撞和交流的方式，也是他们扩大认知视域的条件。但是，对话所要解决的，是对各自对方意思的领会，并在此基础上达到理解和共识。对话者之间不存在征服关系（如果有征服，也是他们之间相互的征服），而只存在平等的协商和交流关系。每一个参与对话者都只是把带有自己前见的意义领会带入他人的认知领域，从而在对话者之间产生'视域交融'。"❶ 这一论述所表达的观点同时也是一个美好的愿望，希望法律价值冲突能够通过主体间的平等协商来达成价值共识的方式获得消解。也许这一法律价值冲突解决机制显得有些过于美好或浪漫，但正如法律价值本身一样，美好的东西为什么不能够通过美好的方式达致美好的状态呢？

（二）环境法的价值追求

法律价值最终是要通过各部门法的法律规范的适用来作用于人们的社会交往活动的，因此，各部门法都确立了各自的法律价值目标，如民法将自由、平等和公平等作为其主要的价值目标或价值追求。作为调整人与人之间环境行为关系从而对人与自然关系进行考量的环境法，又存在哪些法律价值或者又该将哪些法律价值作为其主要的价值追求呢？在回答这一问题之前，我们需要首先对环境法律价值这一概念的含义加以明确。

对于环境法律价值这一看似简单明了的概念，学者们仍存在不同的观点，其中，有些观点颇有见地，有些观点则混淆了一些问题，如环境法律价值与环境立法目的或环境伦理。有学者认为："环境法经过了现代人类中心主义、生态中心主义、可持续发展价值观、生态文明价值理念的认识路径，在这种转型的路径中体现了其理论蕴含及价值目标。"❷ 这一论述就混淆了环境法律价值与环境伦理的界限，并且，类似的论述不乏其人。因此，我们有必要对环境法律价值这一概念的内涵作一界定。

对于环境法律价值的含义，有学者认为："环境法的价值是指环

---

❶ 谢晖：《法律意义的追问》，商务印书馆 2003 年版，第 100 页。
❷ 张瑞萍、严衍畅："论环境法的价值理念与实现途径"，载《商业时代》2009 年第 3 期，第 58 页。

境法本身所固有的，独立存在于人的主观世界之外的，能在环境开发、利用、保护等实践中对国家、社会和公民的合理需要和环境保护、资源利用等行为及其思想指导具有积极意义的客观实在。其包括功利价值、目的价值及终极价值三个方面，三者内容交叉，位阶递进。"❶ 也有学者从多个视角对环境法律价值进行论述，如刘超就从环境法的目的价值、价值评价标准和形式价值来论述环境法律价值。❷ 显然，刘超在论述时充分顾及了法律价值的三重含义。本书认为，价值目标意义上的环境法价值应该是明确的，它指的是环境法的制定和运行应该以怎样的价值目标作为其价值追求和价值准则。环境法的价值应该从法律的主要价值目标中来选择和确定，即自由、正义、公平、平等、秩序、安全、效率和福利等价值目标，笔者对于环境法目的价值和功利价值的提法颇感费解。以环境法律价值与环境法立法目的的关系为例，二者是完全不同的两个概念和环境法理论范畴。我国《环境保护法》第 1 条规定："为保护和改善环境，防治污染和其他公害，保障公众健康，推进生态文明建设，促进经济社会可持续发展，制定本法。"这只是规定了我国环境保护法的立法目的或立法宗旨，尽管其中包含着环境法律价值，但我们却不能将其称为环境法的目的价值。因为，环境法的价值统率环境法的立法目的，它是比环境法的立法目的更高层次和更上位的概念。

那么，环境法究竟以哪些价值为其主要的价值目标或价值追求呢？学者刘建辉认为，对于环境法价值的内容而言，环境法自身的二元属性决定了其必然具有二元的价值。这里所谓的二元价值，一方面指的是环境法和传统法学一样具有正义和功利两重价值内涵，另一方面是指对正义和功利价值内容的理解也要顾及环境法调整对象的方方面面。具体而言，正义价值不能局限于传统法学用于调整社会成员之间人际关系的人类正义，它要向外扩展到人与自然之间关系的调整，也就是要有自然正义价值的内涵，包括遵循自然法则和生物人道主义的内容。而人类正义的内容也不能局限于调整代内人际关系的代内正义，由于

---

❶　金杰、喻永红："环境法价值概念之界定"，载《经济与社会发展》2006 年第 9 期，第 172 页。

❷　刘超："多重视野下的环境法价值"，载《贵州警官职业学院学报》2007 年第 5 期，第 76 页。

现代环境法渗透了为后代子孙谋福利的思想，因此，代际正义即本代人发展之时为后代人确定恰当储存率是人类正义的必然内容。对于环境法的功利价值而言，它不仅有物质功利即生存基础的保障和经济利益的追求的内容，还有精神功利的内容，即满足人们的环境安全感和保障人们生活的舒适性，后一项是人们常常忽略而恰恰体现环境法对于社会成员人文关怀的一项功利价值。❶

笔者赞同上面的论述，认为环境法的价值是多重的，并且也应该包括正义和福利这两项基本价值内容，但同时认为，环境法多重价值中不仅包括正义和福利，还包括和谐、公平、安全和效益。不仅如此，在环境法诸多价值中，和谐价值应该居于首要的或统帅的地位，其他的诸如正义、公平、安全、效益和福利等价值则包含于和谐价值之中。与环境权利和义务等环境法律关系内容一样，环境法的各项价值追求同样记载于文本之中，并经由环境法律关系的运作而得以实现。因此，对于环境法各项价值的论述，将在下面关于环境法律关系的价值定位或追求这一部分中进行论述。而在此之前，有必要探讨一下环境伦理问题，因为环境伦理与环境价值密不可分，在某种意义上讲，环境伦理的选择影响甚至决定着环境法律关系的价值定位。

（三） 环境保护与环境伦理的生成

自然或者环境有其内在价值吗？我们人类该以怎样的态度与自然相处，包括在伦理学上，我们是否该确立一种人与自然之间的伦理关系，如果答案是肯定的，我们又该确立怎样的伦理关系呢？当人类逐渐意识到自己的生存环境以及与之发生交换的自然正在变得恶化并影响到人类自身的生存与发展时，人类开始思考这些问题。在探讨这个问题之前，我们首先需要明确自然和环境这两个概念的含义。

自然是与人类社会相对应而存在的一个概念范畴，尽管从某种意义上讲，人类原本也是大自然的一部分，但随着近代哲学主客二元观点的出现，人与自然逐渐分离乃至处于相互对立的位置上，这一哲学思想的开创性人物之一是著名的哲学家笛卡尔。对于笛卡尔的哲学思想对人与自然关系的影响，有学者这样阐述道："笛卡尔对于掠夺自然、控制自然的观念的形成，具有关键作用。因为，就形成主客二分

---

❶ 刘建辉："论环境法的价值"，载《河北法学》2003 年第 2 期，第 72 页。

的哲学思维来说，他的理论是革命性的。这种对思维方法的革命，使笛卡尔哲学开创了一个新的时代。因为正是这种主客二分的思维方法，使人类得以在自己建构的观念的世界中进行思考，并完全剔除了自然的丰富性和感性色彩，最终使自然成了人类的资源库。"❶ 尽管这一观点值得商榷，但却已被许多学者所接受，并且不论怎样，人类生存其中并时刻进行着交换的自然也确实遭受了并仍在遭受着前所未有的破坏，且这种破坏的大规模升级，也正是从西方近代工业革命开始的。

环境是相对于中心事物而言的，与某一个中心事物有关的周围事物，称为这个事物的环境。环境科学所研究的环境是以人类为主体或中心事物的外部世界，即人类赖以生存和发展的物质条件的综合体，包括自然环境和社会环境。自然环境是直接或间接影响人类的自然形成的一切物质及其能量的总和。现在的地球表层，大部分受过人类的干预甚至破坏，原生的自然环境已经所剩无几。环境科学所研究的社会环境是人类在自然环境基础上，通过长期有意识的社会劳动所创造的人工环境。它是人类物质文明和精神文明发展的标志，并随着人类社会的发展不断丰富和演变。尽管当前人类生活于其中的社会环境也面临着这样或那样的问题，但本书所谓的环境主要指的是自然环境。由此，在本书中，自然与环境是放在一起使用的，用来指称直接或间接影响到人类生存与发展的自然形成的一切物质及其能量的总和。

随着人类逐渐重视对自然环境的保护，有些学者提出了环境伦理的概念及环境伦理学相关理论。对于环境伦理学的学科性质和研究对象，有学者认为："生态伦理学或环境伦理学，又称资源伦理学、大地伦理学或绿色伦理学，是以环境道德为主要研究对象的一门新兴学科，起源于对人与自然关系的认识。研究这一关系对人类道德行为的影响，包括两大方面，即人对自然的伦理关系方面，以及受人与自然关系影响的人与人之间的伦理关系方面，它们各自又包括更为细致的内容。"❷ 徐嵩龄教授则将环境伦理学研究的两大主题归结为环境价值

---

❶ 吕忠梅主编：《超越与保守——可持续发展视野下的环境法创新》，法律出版社2003年版，第51页。
❷ 蔡守秋、万劲波、刘澄："环境法的伦理基础：可持续发展观——兼论'人与自然和谐相处'的思想"，载《武汉大学学报》（社会科学版）2001年第4期，第390页。

观与环境道德行为规则。❶

笔者认为，伦理学主要是以人类道德为研究对象的一门学科。伦理学将道德现象从人类活动中区分出来，专门就道德的本质、起源和发展，道德水平同物质生活水平之间的关系，道德的最高原则和道德评价的标准，道德规范体系，人生的意义，以及人的价值和生活态度等问题进行探讨。如今，伦理学已经扩展到许多领域，包括自然环境的保护领域，相关的代表性理论有彼得·辛格的动物利益论、汤姆·里根的动物权论、利奥波德的生态价值论等。可以说，这些理论的提出对传统伦理学而言是一个巨大的挑战，许多观点和理论也让人感到耳目一新。例如，汤姆·里根的动物权利论认为动物是有权利的，且这些权利意味着我们有强烈的道德义务。利奥波德则是第一个号召以生态学观点从根本上思考伦理的人，他认为，自然系统具有天赋价值，号召进一步将伦理拓展至包括土地、植物和动物在内的对象。笔者赞同徐嵩龄教授关于环境伦理学两大研究主体的归纳，同样认为，环境伦理学主要是关于环境价值和环境道德研究的学科。

现在，让我们回到这一部分开始的那些问题，尽管笔者坚持认为，伦理与道德只是人类社会的产物，它作用于人与人之间的关系，自然并没有其自身内在的价值和道德，如果真的存在自然价值和自然伦理，那也只是存在于这样两种情况中：第一种是，这种价值和伦理实际上是人类价值追求和伦理准则的体现，实质上仍属于人类价值和伦理范畴；第二种是，这种所谓的价值和伦理根本无法为人类所认知，人类任何有关自然价值和伦理的观点及阐述，都不过是人类意志赋予的结果。当然，从工具意义上考虑，讨论自然的内在价值或环境伦理问题，确实有助于提升人类对人与自然关系的关注度和重视度，有助于人类制定更好的规则来调整和规范人们之间涉及环境的各种交往行为或交往关系。

总之，对于环境伦理学的学科功能或理论价值以及与法律制度的关系问题，笔者赞同这一论述，即"应当肯定，生态伦理学为人类保护濒危动植物、维护生态平衡，以及在人与自然之间建立和谐的关系方面，提供了独特的道德依据。是人类社会中的人文精神的泛化，这

---

❶ 徐嵩龄：《环境伦理学进展：评论与阐释》，社会科学文献出版社 1999 年版，第 5 页。

对于人文精神的发展来说，可能是一个新的里程碑。所以，我们可以认为生态伦理学作为人文学科的一个部门对于人文精神的发展是有益的。但是，我们并不能因此就把生态伦理学的观点引入法律制度中。因为，生态伦理学在突出自然的价值判断的时候完全走向了反科学的方面。他在本质上是与法律讲求实际、崇尚科学相矛盾的。所以，对于环境法来说，是鲜有积极意义的，更不应当作为理解环境法调整对象的基本依据"❶。

（四）人类中心主义与生态中心主义

在环境伦理的研究方面，我国学者将大部分精力都放在两个"主义"，即人类中心主义与生态中心主义的讨论甚或争论之上。人类中心主义的环境伦理观和生态中心主义的环境伦理观的根本分歧就在于，是否承认自然具有内在的价值或者自然是否享有权利。

其中，人类中心主义的伦理观认为，只有人类才有道德价值，我们对自然环境的责任是间接的，即我们只有在承认了对其他人有责任后，才能更好地理解如何保护自然的责任。我们之所以保护自然，是基于对当代人和人类的未来后代有责任，是基于代内公平和代际公平的考虑，是基于对未来人生存和发展权利的保护。环境伦理的建构绝不意味着人类对事物的道德义务和责任，而是意味着确认人们在处理与自然的关系时，对他人和后代人的道德义务和责任，它只能以人类整体的、长远的利益作为处理人与自然关系的根本价值尺度。❷

生态中心主义，也称非人类中心主义，这一环境伦理观不仅肯定自然具有内在的价值，而且还同时提出了自然权利的概念和主张。这一主张认为，人类之外的自然物都有与人绝对平等的权利，它涵盖了动物权理论、生物中心主义和生态整体主义等学说，这些学说都反对人类中心主义的伦理观，他们把自然的内在价值作为保护自然的最重要的伦理性依据，他们担心，如果自然不具有内在价值，不赋予自然以权利，那么自然的价值就会依存于人类的评价和需要，自然的保护也就会从属于人类的利益和状况。而这些学说的不同仅在于，把权利赋予自然存在物的不同层面，如"动物权利论者认为我们应当把平等

---

❶ 李艳芳："关于环境法调整对象的新思考——对'人与自然关系法律调整论'的质疑"，载《法学家》2002 年第 3 期，第 84 页。

❷ 汪信砚："环境伦理何以可能"，载《哲学动态》2004 年第 11 期，第 24 页。

地关心所有当事人的利益这一伦理原则扩展到动物身上去，生物中心主义主张一切生命有与人绝对平等的权利，生态整体主义认为所有事物和自然系统都拥有它自己的目的或目标，因而都拥有内在价值和存在下去的权利"❶。

对于人类中心主义与非人类中心主义两种环境伦理观的争论，笔者认为，这两种争论实际上的目的都是一致的，那就是使人们能够更好地处理好人与自然的关系，重视对自然环境的保护。换言之，"无论是人类中心主义还是非人类中心主义的环境伦理思想，都必须直面现实中的环境污染。两者同是随着环境污染日益成为威胁人类生存的严峻问题的现代背景而走向前台的，它们皆被要求对此提出有效解决途径并进行各自的合法性论证。因此，人类中心主义和非人类中心主义的理论归宿最终都要落实到'环境保护'上去；它们的对立之处不在于思路的旨归不同，而在于采取怎样的思路以及把思路建立于怎样的哲学基础上的思考和论述方式的分歧"❷。需要指出的是，笔者并不认为在这两种环境伦理观上更快地达成一致意见，无论是最终选择人类中心主义还是最终确立生态中心主义的伦理观，便会有助于推动人类对自然环境保护实现一个质的飞跃。这两种环境伦理观的争论似乎并没有争论者所认为的那样，对于生态环境的保护那么重要。尽管如此，作为一个学术讨论话题，笔者依然要表明自己的观点或立场，即依然认可笛卡尔的主客二分，认为人而非自然等物居于主体地位，这是我们建构和实施环境保护法律制度的一个基础性认识。

（五）可持续发展与和谐共生的环境伦理观

根据传统的生产力理论，社会生产力被视为人类征服和改造自然的能力，人类与自然的关系被概括为征服者与被征服者的关系。在这样的理论指导下的发展，导致对自然生产力的严重破坏，导致自然破坏力的产生。从历史到现代，人类实践体系总是不时地孕育出某种破坏性力量——自然破坏力，这种破坏力与一直被视为实践积极成果的物质生产力密切相关，共同影响社会的发展。"所谓自然破坏力，绝

---

❶ 张峰、姚昌："自然权利的批判与辩护"，载《中国人口：资源与环境》2006 年第 3 期，第 34 页。

❷ 李义天："'主体'的论争与重建——对环境伦理学两种基本伦理纲领的梳理与思考"，载《唐都学刊》2005 年第 3 期，第 42 页。

不是仅仅指大自然本身对人类谋求愈来愈大的生产力的反向报复，而主要是人们主动的社会活动在长期的积累中孕育和呈现出来的一种人为后果。"❶ 当人类意识到自然破坏力的严重性之后，开始思考改变现有的处理人与自然关系的思维与行为模式，理论界也进行了相应的反思与探索，于是便有了环境法学、环境伦理观等学科。

然而，环境法该如何进行价值定位以及我们该确立怎样的环境伦理观，学界在这些基本问题上依然是争论不休。人类中心主义与生态中心主义之间的争论似乎逐步演变为一种纯粹的理论争论，对于如何从制度和实践层面来调整和规制人与自然的关系似乎并没有起到应有的作用。对此，有学者尖锐地指出："在价值层面上批评环境法的极端'人类中心主义'遂成为主流，而如何超越人类中心主义，却众说纷纭。但是，这种争论都是从终极意义上进行的价值判断，具体到法律的现实选择，则应该以直接的目标作为其选择对象。环境法学不能将终极目标和现实的立法目标混同起来而陷于短时间根本得不出结论的争论之中。作为立法的价值目标，应该是可持续发展。当务之急，是对可持续发展的理论内涵进行分析，在法政策层面上使之得到全面贯彻。"❷ 笔者同样赞成将可持续发展作为环境立法的基本价值目标，同时，这一原则也能够直接影响到环境法的终极价值定位或价值追求，并对环境伦理产生决定性的影响。

那么，又该如何定义可持续发展呢？按照世界环境和发展委员会在 1987 年《我们共同的未来》中的表述，可持续发展指的是"既满足当代人的需要，又对后代人满足其需要的能力不构成危害的发展"。具体来说，就是谋求经济、社会与自然环境的协调发展，维持新的平衡，制衡出现的环境恶化和环境污染，控制重大自然灾害的发生。可持续发展包括两个重要的概念：一是"需要"，尤其是世界上贫困人们的需要，应将此放在特别优先的地位来考虑；二是"限制"，技术状况和社会组织对环境满足眼前和将来需要的能力施加的限制。同时，《我们共同的未来》中还提出，可持续发展的内涵还包括五个基本原

---

❶ 白平则：《人与自然和谐关系的构建——环境法基本问题研究》，中国法制出版社 2006 年版，第 13 页。

❷ 高利红："环境法学的核心理念——可持续发展"，载《法商研究》2005 年第 1 期，第 19 页。

则：发展原则、公平原则、可持续性原则、主权原则和共同性原则。❶
对于世界环境与发展委员会关于可持续发展的定义，有学者认为，可
持续发展仍然是人类中心主义的表现。它所要求的保护环境也仅仅是
着眼于人类利益的保护，没有将自然作为一个系统整体来对待，其理
论预设也是主客二分，并未将人类作为自然整体的一个部分来考虑。
没有指出人类对自然的责任，没有考虑自然的价值主体地位。这不能
不说是该理论目前的一个重大缺陷。❷

笔者并不认同这一批评，因为这一批评是建立在生态中心主义的
立场上，以生态中心主义的理论视角来审视世界环境与发展委员会这
一定义，显然，这一定义从字面上看是有违生态中心主义的主张。其
实，持这一批评立场的学者似乎没有意识到，他在对可持续发展这一
定义进行批评时，同样陷入了一个非此即彼的二元逻辑之中，这种不
是朋友便是敌人的思维对于我们客观认识可持续发展理论和环境法有
关理论也是有害的。相比较之下，汪劲教授关于可持续发展的上述界
定则较为客观地作了评述，他指出："与传统的'持续发展'（sus-
tained development）观念相比较，可持续发展更为强调在对发展概念
的理解上对人类伦理道德和价值观予以更新，从而影响和导致人类行
为和生产、生活方式的更新。"同时，他还根据对有关可持续发展定
义要点的归纳，指出各种对可持续发展概念的理解包含了这样三个未
来人类社会、经济发展得以具有可持续性的基本理念：第一，人类的
发展和生活品质的改善，必须建立在地球生态系统的涵容能力之内；
第二，当代人在谋求自身发展的同时，还应当顾及未来世代人类的需
要和福利；第三，对人类发展的基础——环境、资源与能源的开发和
利用，应当维持在利用效率最大化和废弃（污染）物质最小化之上。❸

笔者认为，可持续发展作为环境保护及环境立法的一项基本原则，
同样具有其价值和伦理意义。同时，如蔡守秋教授等指出的那样：

---

❶ 世界环境与发展委员会：《我们共同的未来》，王之佳等译，吉林人民出版社 1997
年版，第 52 页。

❷ 吕忠梅主编：《超越与保守——可持续发展视野下的环境法创新》，法律出版社 2003
年版，第 98~99 页。

❸ 汪劲：《地方立法的可持续发展评估：原则、制度与方法》，北京大学出版社 2006
年版，第 13 页。

"可持续发展战略的提出，不仅是当代人有感于环境资源问题的恶化日益严重地威胁到人类的生存和发展而作出的一种生存选择，而且是标志着人类的价值观念与生活方式的一场深刻变革。这种价值观与生活方式的变化，是同人类对人与自然关系的重新认识和思考分不开的。可持续发展，固然有其外部的实际需要，若没有内在理论根据，没有内在价值导引，外部再怎么需要，还是实现不了。因此，环境伦理构成了可持续发展战略的理论和实践的基础。"❶ 笔者认为，可持续发展本身并不是一种环境伦理，但它具有重要的环境伦理意义且直接承载着某种重要的环境伦理。结合我国当前为之努力的社会主义和谐社会的构建，我们认为，可持续发展背后的环境伦理应该是和谐共生，而和谐共生也应该是涵盖并超越了人类中心主义和生态中心主义两种环境伦理观的更为全面和准确的环境伦理，应该是整个环境法理论最高的价值和伦理基础。

和谐共生的环境伦理观要求人与人之间、人与自然之间都应该是一种和谐共生的关系，这一伦理观虽然建立在主客二分基础上，但在一定意义上又超越了主客二分的哲学思维。这一伦理观主张，人与自然之间正如人与人之间相互需要一样，同样是一种相互需要、共同维持与发展的关系。人与人之间要恪守一项最基本的交往准则——共生，人与自然之间同样也要以共生作为最基本的交换准则。"共生（symbiosis）"在生物学中意味着不同种的生物的共同生活。共生的理念不仅包括夫妇、家庭、部落等同种生物之间的相互关系，还涵盖了一切异种生物之间的相互关系与结合。共生的关系各物种在进化过程中，按照寄生单方受益、相互受益共生的次序，不断加强互惠色彩。

当然，共生也容易招致生存斗争的质疑与批驳，即不同物种之间乃至同一物种之间虽然从根本上是一种共生的关系，但是由于资源稀缺或者其他原因，可能会频繁出现为了各自的生存在相互争斗的情形。对此，日本哲学家尾关周二指出，达尔文认为的生存斗争有三种：（1）与同种的其他个体之间的生存斗争；（2）与异种的不同个体之间的生存斗争；（3）与生活的物理条件即环境之间的生存斗争。达尔文

---

❶　蔡守秋、万劲波、刘澄："环境法的伦理基础：可持续发展观——兼论'人与自然和谐相处'的思想"，载《武汉大学学报》（社会科学版）2001 年第 4 期，第 392 页。

最初重视（2）与（3）的生存斗争，后来则认为第一种生存斗争——生存竞争是进化的主要因素。达尔文最终强调的是（1）与（3）的生存斗争，并由此形成了"适者生存"的理论。在达尔文那里，几乎没有考虑异种生物之间的相互作用。而生态学家则指出，若不充分理解异种个体间的相互作用，就不能说明进化的整体状况，并且，共生的概念本身也包含着相互干涉、相互斗争和相互矛盾。❶ 那么，该如何处理共生关系中的相互干涉、斗争与矛盾呢？或许，共生这一理念本身就包含了处理的原则或准则，即不论相互之间如何进行斗争，底线是维护共生关系。如果称这一准则为消极的或最低要求的准则，那么和谐则是维护共生关系积极的最高的准则。和谐理念要求各种存在直接或间接共生关系的物种之间应该寻求建立一种积极的和谐状态，无论相互之间是以交往关系还是以交换关系而存在，都应该充分顾及对方的发展，保持一种积极的互惠关系。既然只要有人类参与的关系，人类基本上都是居于主动的态势，那么对人类行为的规范就显得非常必要和重要。因为，说到底，涉及人类行为的共生关系中，这种共生和谐关系究竟处于或保持怎样的状态，绝大多数情况下还是取决于人类的思维、行为和规则。一旦人类意识到了共生和谐伦理观的重要性，那么无论在处理人类内部之间还是人类与外部环境之间的关系时，都会以一种更为谨慎和谦恭的姿态应对之。而这也正是那些无论是坚持人类中心主义伦理观还是生态中心主义伦理观的学者们所共同期望看到的。

三、环境法律关系的价值追求

（一）环境法律关系的首要价值——和谐

在讨论和明确了环境法价值和环境伦理这两个基本理论问题后，环境法律关系的价值定位或价值追求问题也就较为明朗了。环境法首要的价值追求是和谐，而确立和谐共生的环境伦理也更为合适。由于环境法各项规则的落实以及环境伦理的实现最终都要通过环境法律关系来完成，环境法律关系也具体承载了环境法价值和环境伦理，因此环境法律关系的价值定位也应该与环境法的价值追求和环境伦理相一

---

❶ ［日］尾关周二：《共生的理想》，卞崇道等译，中央编译出版社1996年版，第136页。

致，即和谐价值应该是环境法律关系的首要的价值定位和最高的价值追求。

　　该如何理解环境法律关系和谐价值的定位呢？环境法律关系在本书中被界定为由环境法律规范的调整而形成的，以权利义务为基础内容的人与人之间的环境行为关系，它包括环境法律关系主体、客体和内容三个要素。根据这一定义，环境法律关系形成的前提是环境法律规范的调整，权利和义务是其基础内容，人与人之间的环境行为是其客体。其中，环境法律规范，是指专门的环境法律、法规、规章文本和有关法律条文中所确定的各项环境法律原则和规则。环境法以和谐为其首要价值追求，也就意味着相关的环境法律规范条文在设定时也要以追求和谐为其首要的价值目标。环境法律规范的一个核心任务是对与环境有关的权利、义务、权力和责任等进行有效设定和配置，当然，设定和配置所遵循的基本原则是体现环境法的和谐价值追求。环境法律关系主体在进行涉及环境的交往关系时，当然，也以环境法律规范为其行为准则，具体地实践环境法律规范所设定的权利、义务、权力和责任等内容。

　　那么，我们将环境法律关系的价值定位确定为和谐价值，除了环境法律关系要受到环境法价值追求和环境伦理直接影响外，是否还有其他的原因或意义呢？答案显然是肯定的。环境法律关系是一种人与人之间的关系，并且这些关系同时还会涉及人与自然的关系，即人与人之间的行为交往在导致环境法律关系形成的同时，还会对自然环境产生直接或间接的影响。所以，环境法律关系实际上关涉两大类关系：人与人的关系及人与自然的关系。那么，何种法律价值可以同时作为这两种关系的价值目标呢？相比较于正义、平等、公平、自由、秩序、安全乃至福利等，显然和谐更具涵盖力也更为重要。

　　对于和谐价值或理念的含义前文中已经论述，在此需要再强调的一点是，对于环境法律关系中的人与人之间的环境交往行为而言，和谐并不意味着整齐划一、单调一元，而是"和而不同"理念上的和谐。和谐是建立在多元利益、多元价值基础上的和谐，它并不否认差异与竞争，尽管它对合作与互惠充满着积极的追求。对于环境法律关系所涉及的人与自然关系而言，和谐同样也并非要求人们面对自然环境无所作为，或者追求生存意义上的返璞归真，而是强调人与人之间在发生环境交往行为时，无论行为主体是一方还是单方，都要尊重自然规律，用最小的环境成本来换取生产、生活所需福利，而由于人的行为对自然产生负效应甚至造成损害时，要进行生态补偿。例如，就某地区的发展而言，和谐价值要求发展经济谋取人的福利，而这种发展对自然环境产生了影响时，一方面，要顾及未获取相关发展福利但直接或间接承受了环境成本的那部分群体的利益；另一方面，在发展的同时，拒绝直接伤害自然环境及对自然环境造成更大损害的发展模式，即使对自然环境不得不有所损害，也要及时采取弥补措施，对自然进行补偿。如此才是真正体现环境法律关系的和谐价值，也唯有如此，和谐价值才能真正在环境法律关系中得以贯彻。

（二）和谐价值或理念在当代社会中的含义

可以说，和谐理念在中国传统文化中源远流长，是中国传统价值观或伦理观的基本构成之一。在中国传统文化中，"和"与"谐"两个字同义，并且"和谐"一词包含于"和"的范畴。作为古典哲学的核心范畴之一，"和"的思想经历了萌芽、形成和完善的发展过程，并形成了较为完备且别具特色的理论体系。中国思想史上的各家各派，尤其是三大哲学思想支柱儒、道、释，都不约而同地表达了对"和"的理解与向往，这些思想相互补充、相映成趣，共同承载和诠释着或许是中国传统文化或哲学理念中最为重要的智慧。

我们当前所称的和谐理念是中国共产党第十六届六中全会提出的，是为构建和谐社会的文化所要倡导的理念。全会提出，建设和谐文化，必须"倡导和谐理念，培育和谐精神，进一步形成全社会共同的理想信念和道德规范，打牢全党全国各族人民团结奋斗的思想道德基础"。从前面的介绍可以得知，和谐理念体现或承载了我国传统文化的基本价值，甚至可以视为我国传统文化的人文精髓和核心所在。传统文化中的和谐理念包含着人与自然、人与人以及人的身心的和谐三个层面。而构建和谐社会，倡导和发扬和谐文化，是新时期我们党所提出的新的发展目标，和谐理念或和谐价值便成为这其中的核心理念与价值。

根据系统论的观点，"社会变化和进化的过程也是社会系统自身矛盾产生和解决冲突、达到系统和谐的过程，这个过程可以被看作社会系统解构及重构的互动"。"马克思主义认为，和谐是事物及其相互作用过程中的存在方式，是人类社会发展中的一种状态。它要求经济、政治、精神、文化、环境、社会组织管理等各得其所、协调运行，这就把社会和谐同社会系统内要素的平稳均匀运行联系在了一起。"❶ 要想更好地理解和把握和谐理念在当代社会的含义，应该将其置于社会主义和谐社会的构建之中。

构建和谐社会要求将和谐的理念贯穿于政治、经济、文化和社会等方方面面的发展之中，根据我们党的文件，具体而言，和谐社会的构建要遵循这样几项原则：（1）要坚持以人为本。人是社会发展的目的而非手段。构建和谐社会要求党和国家一切工作的出发点和落脚点都必须是为了更好地实现好、维护好、发展好最广大人民的根本利益，必须不断满足人民日益增长的物质文化需要，真正做到发展为了人民、发展依靠人民、发展成果由人民共享，促进人的全面发展。（2）要坚持科学发展。发展是硬道理，我们要用发展的眼光来看问题，通过发展来解决问题。但是，发展不是盲目的，更不是不顾一切地唯经济发展马首是瞻，发展要讲求方法和效益，尤其是社会效益和生态效益。当前乃至今后，我们的发展应该是一种科学的发展。要注重统筹城乡发展，统筹区域发展，统筹经济社会发展，统筹人与自然和谐发展，统筹国内发展和对外开放，转变增长方式，切实提高发展质量，真正实现经济社会全面协调可持续发展。（3）要坚持改革开放。发展离不开改革。随着社会主义市场经济发展的不断深入，我们应该适应社会发展要求，适时地推进经济体制、政治体制、文化体制和社会体制改革与创新，进一步扩大对外开放，提高改革决策的科学性、改革措施的协调性，建立健全充满活力、富有效率和更加开放的体制机制。（4）要坚持民主法治。加强社会主义民主政治建设，发展社会主义民主，实施依法治国基本方略，建设社会主义法治国家，树立社会主义法治理念，增强全社会法律意识，推进国家经济、政治、文化、社会生活法制化、规范化，逐步形成社会公平保障体系，促进社会公平正义。（5）要坚持正确处理改革发展稳定的关系。把改革的力度、发展的速度和社会可承受的程度统一起来，维护社会安定团结，以改革促进和谐、以发展巩固和谐、以稳定保障和谐，确保人民安居乐业、社

---

❶　王诗堂："对社会主义和谐社会的系统论解读"，载《武汉学刊》2009 年第 4 期，第 15 页。

会安定有序和国家的长治久安。

总之，从上面的分析可以看出，和谐理念在当前的社会中正通过和谐社会的构建来贯穿于社会发展的方方面面，它正以和谐社会的构建为其统领，具体而全面地反映到人与自然、人与人以及人的身心这三个层面中。对于和谐理念在当代社会的含义，我们可从这样两个方面来阐述：

一方面，和谐理念已伴随将和谐作为一项基本的价值理念而融入和谐社会的建构过程之中，当代的和谐是一种对话与公正前提下的和谐。尽管在我们古代社会的思想家那里也提出了社会要实现和谐的主张，但他们所谓的和谐有着严重的局限，那就是，彼时所要实现的和谐要以既有的社会制度和伦理秩序为前提，在既有的制度和伦理中实现各守其分、各按其职，而既有的制度和伦理本身是有问题的，包含着太多的不平等和不公正因素和要求，因此，古时的和谐更多的是一种强力压制下的和谐，是一种不稳定的和谐。当今的中国社会中则不然，和谐作为一项基本的社会价值理念和价值追求，它本身要求在个体平等和社会公正基础上实现和谐。因此，当代以和谐社会建设为背景的和谐理念，是一种平等对话中的和谐，是一种对利益分配讲求公正的和谐。

另一方面，当代社会中的和谐理念不仅体现于天人关系、人人关系和身心关系之中，同时还强调这三种关系在相互作用过程中也要实现和谐，且这种和谐是放置于和谐社会这个纲领之中的。随着科技的发展及全球化进程的加快，自然、社会与个体三者之间已不再是相对分离，而是紧密联系在一起，尽管三者各自的功能和存在价值不同，但如何融通三者的关系使相互之间都能更好地存续，是当代社会所要追求的。如果说自然需要安全、社会需要秩序、个体需要自由，那么用以协调或统领三者基本价值追求的理念就应该是和谐理念。和谐理念要求个体在社会快速发展过程中，应该主动调适自己的心理，积极融入并推动社会的良性发展，而且在推动社会文明进步过程中，要实现人与自然的和谐相处。

最后，本书要强调的是，和谐理念在当代社会中主要立足于和谐社会的建构来贯穿于人的生存与发展过程中的各类关系之中。在这些关系之中，人与自然的关系是一个前提性的或基础性的关系，它决定着社会的和谐程度以及人的身心的和谐程度。试想在一个生态破坏严重，人与自然严重对立的状态下，人与人之间所构成的社会无论如何也不会实现一种和谐的状态，同样，在一个恶劣的自然和社会环境中，人的身心无论如何也难以实现和谐。因此，认识和谐理念在当代社会的含义，必须把握住人与自然的和谐在其中的重要性，必须充分认识到人与自然的和谐在和谐理念中的基础性地位。对此，我们可以借用一些学者在论述生态良好与生产发展和生活富裕关系时的一段话，来阐述人与自然和谐的重要性，即"生态良好是生产发展和生活富裕的条件和保障，只有生态良好、环境改善，人和自然界之间的物质变换才能顺利完成，生产才能顺利进行，人民群众的生活才能富裕、幸福、文明，社会进步也才能可持续进行"❶。

（三）和谐价值的体系

如前所述，和谐价值是环境法律关系的首要价值，它具有很强的涵盖力，这一方面意味着环境法律关系还存在其他法律价值，另一方面意味着和谐价值能够涵盖其他法律价值而形成一套以和谐为最高价值，同时包括其他法律价值在内的价值体系。笔者认为，环境法律关系的其他法律价值至少包括公正、安全、福利和效益等价值目标。

在法律诸项价值中，公正是一项非常重要的价值目标，但公正的含义本身又是很难作出准确界定的。笔者将按照公正的字面之意将其分解为公平和正义两个具体的价值，尽管这会招致许多质疑，因为在许多学者那里，正义是最高的法律价值。不过，正义与公正在许多情况下也被视为同一种价值。自古至今，有关公正或正义的讨论非常多。亚里士多德将公正界定为比例平等，即"公正就是在非自愿交往中的所得与损失的中庸，交往以前和交往以后所得相等"。"公正就是比例，不公正就是违反了比例，出现了多或者少。"❷ 据此，有学者分析道："正义或者公正实质上是等利（害）交换。正义具有两方面的内容：等利交换和等害交换。"❸ 通过分析我们不难发现，在许多情况下

---

❶　徐秉国、王炜："论和谐共生的生态价值观与和谐社会的构建"，载《河南师范大学学报》（哲学社会科学版）2010 年第 1 期，第 248 页。

❷　转引自王海明：《新伦理学》，商务印书馆 2002 年版，第 303 页。

❸　胡静：《环境法的正当性与制度选择》，知识产权出版社 2009 年版，第 65 页。

一些价值是相互交叉与包容的，就像公正的价值本身就包含了正义、公平和平等的价值要求和价值目标。

那么，该如何理解环境法律关系中的公正价值追求呢？笔者认为，环境法律价值中的公正价值体现在同代人之间和代际之间，这是环境法律关系不同于一般社会关系之处。环境法律关系将许多价值扩展到代际之间，包括公正、安全和福利等。对于环境法律关系的价值定位而言，公正价值除了保持其等利害交换的含义外，还包括了环境法律关系主体之间在涉及环境交往行为关系时，相互之间要遵守平等互惠原则，而当他们的交往行为对环境法律关系主体之外的社会主体产生负面影响，或者对自然环境产生不利影响甚至破坏时，环境法律关系主体应该首先采取可能造成最小影响的行为模式，一旦发生了不利或破坏等负面影响时，要承担消除影响和生态补偿的责任。这一价值要求同样也对单一环境法律关系主体的环境行为有约束力，并且如果这种负面影响严重到可能会影响到后代人的环境福利时，环境法律关系主体也要对此承担责任，此即代际公平理念。

安全是法律的一项基本价值，也是环境法律关系价值体系中的重要一环。安全不仅是人类自身的需求质疑，也是人类实现其他需求的保障。环境的安全对于每个公民而言，都是必要的物品或保障。环境法律关系的安全价值追求包括两个方面的要求：客观方面和主观方面。客观方面，是指环境法律关系的有序性，即参与环境交往行为关系的主体在实施各自的或相互的行为时，应该遵守相应的自然规律和法律规范，禁止实施那些可能给交往的对方和其他未参与交往的利益相关方，以及自然环境产生更大负面影响或破坏的行为。主观方面，是指任何环境法律关系的运作都应该满足人对外在的相对有序和稳定的安全感的需求，不应给参与环境法律关系的主体及那些未参与的社会公众造成安全恐慌。

福利价值反映的是环境法律关系的功利价值。有学者在讨论环境法价值时认为，环境法价值包括功利价值，而环境法的功利价值又可分为两类：物质功利价值和精神功利价值。其中，物质功利价值又包括保护物质生存基础和追求经济发展这样两个高低层次。精神功利价值也有两项内容，即环境安全感和生活舒适权的追求，环境安全是人类基本的精神功利价值，生活舒适权的寻求是随着社会的发展人们对环境法提出的另一项较高层次的要求。● 笔者认为，无论是物质功利还是精神功利都可以视为人类福利的范畴，都是对福利价值的追求。需要注意的是，福利价值应该与公正价值相结合，尤其要关注代际之间福利的分配问题，这也是和谐价值的内在要求之一。

效益价值要求环境法律关系在运作过程中要注重成本与收益的核算或权衡，尽量用最低的成本投入换取最大的利益产出。效益价值在实践中容易产生偏差，其主要原因是环境法律关系主体的环境交往行为在核算时，往往有意或无意地忽略一些本该计入的成本，尤其是当这些成本的支付者为广大的社会公众及自然环境时，但在和谐价值体系中的效益价值则要求避免出现这种情形，要求环境法律关系在运作时应该全面核算成本与收益。

总之，在和谐价值的涵盖和矫正下，环境法律关系的价值定位可以确定为一套相对完整的价值体系，这将规范并引导环境法律关系在实践中更为合理更为积极地运作，以实现人类社会与自然环境的可持续发展，而且，这也是我们进一步探讨环境法律关系的各个要素及其运作的基本前提。

● 刘建辉：“论环境法的价值”，载《河北法学》2003 年第 2 期，第 71 页。

第二章 环境法律关系主体理论的反思与修正

　　法律关系主体或法律主体理论是法学基础理论之一，传统的法律一直以来都是围绕法律主体这一核心概念来设计和生成规则体系的，所以从某种意义上讲，没有法律主体，就没有法律规则体系。传统法律之所以如此注重法律主体问题，是因为它划定了一道受法律保护与否的界限。只有法律主体才能受到法律的保护，而非法律主体只能根据法律主体的需要来决定其在法律上的角色。虽然对法律关系主体理论的探讨与反思伴随着该理论的建构与发展，但对法律关系主体理论提出具有颠覆性意味的挑战，则是从环境法兴起之后。环境法律关系主体对于整个环境法律关系而言非常重要，它是环境法律关系客体和内容的承载者与实践者，也是环境法律伦理的信守者，环境法律关系价值的践行者。然而，环境法律关系主体理论却有待进一步探讨和完善。本书以环境法为视角，对传统法律关系主体理论在一些环境法学者那里所遭受的责难进行梳理和分析，尝试性地同时也具有创造性地提出了法律关系主体载体理论，以期改进和完善法律关系主体理论，使其能够更好地容纳环境法等新兴的部门法关于法律关系主体理论的需要。

一、法律关系主体理论及面临的挑战

（一）法律关系主体的界定及其判断标准

　　研究某一概念的含义对于法学研究而言，非常之重要。著名哲学家黑格尔说过："概念所教导的，必然就是历史所呈示的。"❶ 概念作

---

　　❶ ［德］黑格尔：《法哲学原理》（序言），范扬、张企泰译，商务印书馆1995年版，第14页。

为理性的产物，是对现实世界及各种事物内在特质的把握和呈现。我们追溯概念的线索，一方面是在了解其所指事物的特质，另一方面也是在遵循概念背后的历史轨迹。龙卫球教授指出："根据法理学的研究框架，对法律的研究大体可以区分法律的规范性（法律形式）和法律的概念性（法律内容）两个领域。"❶因此，在研究环境法律关系主体时，有必要先对其上位概念——法律关系主体这一概念的含义进行分析。

　　根据学界比较流行的法律关系理论，法律关系主体是法律关系的下位概念，又称法律主体或权利（义）主体，是法律关系的重要构成要素之一，是法律关系的参加者，即权利义务的享有者和承担者。❷一般认为，法律关系主体具有法律性和社会性两种属性。其中，法律关系主体的法律性是指法律关系主体是由法律规范所规定的，与法律规范的联系构成了法律关系主体与其他形式的社会关系主体的区别，只有纳入法律规范调整的范畴或被法律规范所认可，才享有相应的法律主体地位。法律关系主体的社会性，是指法律规范确定什么样的人或者社会组织能够成为法律关系主体不是任意的，而是由一定物质生活条件决定的。对于法律关系主体的含义和形成，谢晖教授则认为，传统法律关系主体的界定固然不错，但其在实践中往往更易指向具体的微观的法律关系，为了更全面地表述法律关系主体，"凡是在法律调整下享有权利、承担义务的人（包括自然人、法人和其他组织）都是法律关系主体"。并且谢晖教授还认为，法律关系主体的形成有两个前提，一是要有客观存在的主体，二是客观存在的主体受到法律的调整。其结果是使主体置于法律调整下所形成的法律关系之中。❸

　　对于法律关系主体的含义，笔者认为，法律关系主体是法律关系的基本构成要素之一，是法律所规定和调整的权利、义务、权力和责任的承担者，法律关系主体是法律关系产生的发起者和参与者，在法律关系运行过程中发挥主导性的作用，并对法律关系的走向以及法律规范的适用产生决定性的影响。显然，法律关系主体对于法律关系而

　　❶　龙卫球："法律主体概念的基础性分析——兼论法律的主体预定理论"（上），载《学术界》2000年第3期，第50页。
　　❷　陈金钊主编：《法理学——本体与方法》，法律出版社1996年版，第157页。
　　❸　谢晖、陈金钊：《法理学》，高等教育出版社2005年版，第245页。

言至关重要，对此，李萱博士指出："如果我们暂且忽略决定法律关系内容的历史背景以及其他社会因素，从法技术渗透出的客观效果看，法律关系对社会生活的撷取明显体现于法律主体制度上。具备主体资格是参加法律关系、承担法律上权利义务的必要前件，法律通过主体制度选取社会生活中的一部分主体，赋予其法律资格，在这些被法律挑选出的主体中，构建法律关系。"❶ 法律关系主体的法律地位的确立并不是任意的，需要借助于相应的标准。那么，法律关系主体又该通过怎样的标准来确认呢？

法律关系主体的认定标准也即法律关系主体资格，如同法律关系的研究主要集中在或建立在民法理论基础上，法律关系主体资格同样也主要取自民法理论，也即建立在民事主体资格理论基础上。一般认为，民事主体的本质条件包括两个方面：一是一定的社会经济条件的存在；二是国家法律的确认。❷ 也就是说，民事主体的认定与经济发展尤其是商品经济的发展水平相关，同时，要经由国家法律的确认。根据传统的民法理论，在民事主体资格方面主要存在三种学说：抽象人格论、民事权利能力论和独立意志论。其中，抽象人格论认为，衡量能否成为民事主体的标准，应当主要看其是否具有独立的法律人格。抽象人格论作为西方法律思想史上的重要成果，据信，已经成为西方民事主体制度的重要理论基石。❸ 民事权利能力论认为，法律关系主体都应该具备能够依法享有权利、履行义务的法律资格，即权利能力。权利能力是一个自然人或者社会组织在法律上的人格确认。具备法律上的人格也即权利能力才能拥有法律上的主体地位，才能成为法律关系的主体。不同的法律关系主体具备不同的权利能力，并且什么样的人或者组织可以成为法律关系主体以及成为何种法律关系主体，是由一国法律规定或者确认的。❹ 独立意志论认为，判定一个事物能否成为民事主体的标准应该是独立意志。对此，有学者还专门对权利能力

---

❶ 李萱："法律主体资格的开放性"，载《政法论坛》2008 年第 5 期，第 51 页。

❷ 佟柔：《中国民法》，法律出版社 1990 年版，第 63 页。

❸ 曹新明、夏传胜："抽象人格论与我国民事主体制度"，载《法商研究》2000 年第 4 期，第 59 页。

❹ 李明华："论合伙企业的民事权利能力"，载《四川师范大学学报》（社会科学版）2000 年第 2 期，第 30 页。

作为民事主体资格的观点提出了质疑，"一种社会主体能否取得民事主体地位完全是立法者选择的结果，民事主体资格是法律所赋予的资格。那么，抛开社会发展的要求，是什么内在的因素使一事物具备了成为民事主体的条件呢？答案显然不能是权利能力，因为权利能力也是法律赋予的结果，如果把权利能力作为一事物成为民事主体的条件，就会陷入逻辑上的循环论证。"❶

综合上面的不同学说及笔者的理解，民事主体的判定标准主要有以下四项：（1）名义独立，即自然人能以自己的名义与他人进行各种交往，而法人也拥有自己独立的名称使其能够以自己的名义与他人进行民事交往活动，而不是用法定代表人或者其他内部成员的名义。（2）意志独立，即自然人以自己的名义在进行对外交往活动中，享有独立的意志并且能自主地作出真实的意思表示。法人对外进行民事交往是由于该法人的团体意思或法人的独立意志，而不是某个成员的个人意志或者几个成员个人意思的简单相加。（3）财产独立，自然人享有其个人财产，财产的所有权或者使用权，而不受他人的干涉。法人的财产独立性体现在两个方面，一是法人财产与法人创立者或其成员的个人财产相区别，成为独立于个人财产之外的财产，并服务于法人的整体利益，为法人的共同利益所支配和使用；二是法人的创立者或者其成员对法人财产没有直接支配权，而须以法人的名义依照法律或者法人章程的规定来占有、使用、收益或者处分法人的财产。（4）责任独立，自然人以其全部财产对外承担无限责任，法人则以其全部财产承担责任，资不抵债时实行破产，而不需要由法人的成员来清偿法人的债务。由此，我们可以对民事主体的判定标准作一个总结，即"一个有着健全意志的人用自己的财产参与民事活动，并独立承担该项民事活动产生的一切法律后果"❷。

上述关于民事主体的判定标准可以作为确定法律关系主体认定标准的重要参考，但法律关系主体显然并不局限于民事法律范围，在确立前者的资格时，应该充分考虑到民事、刑事和行政等部门法中的法

❶ 张晓鸥、吴一鸣："论'其他组织'的法律地位：兼论民事主体标准"，载《南通职业大学学报》2003年第2期，第51页。
❷ 陈华、刘勇："合伙可以成为独立的民事主体和民事诉讼主体"，载《法商研究》1999年第5期，第44页。

律关系的共同特点。因此，笔者认为，法律关系主体认定标准或资格可以确定为具有独立而健全的意志表示能力，并能独立承担相应的行为后果的主体。依据这一标准而确定的法律关系主体的范畴，比传统的主要以民事主体资格为基础而确定的法律关系主体范畴应该更大一些，也更容易为各部门法所接受和使用。

（二）法律关系主体制度的历史演化

无论是根据传统的认定标准，还是根据本书所确定的标准，民事法律主体的范畴一直处于变化而且是扩展中是个不争的事实，这其中的一个基本原因是，只有成为法律关系主体，才能获得法律上的认可与保护。并且，"不仅法律体系的存在需要用主体概念的支撑，而且法律若希望有所进步、发展、变革、拓展，也只有从主体这一概念上去做文章"❶。考察法律关系主体的发展变化史，我们会发现，当非法律主体上升为法律主体的需要越来越强烈时，它们总是会在适当的时候获得相应的法律主体地位。每一次法律关系主体范围的扩大都意味着法律调整范围的扩大，而且，从中我们还可以了解到这种扩大背后的原因。因此，考察法律关系主体制度的发展演化史，有助于我们更为清晰地认识和把握法律关系主体理论，从而为环境法律关系主体相关问题的探讨提供理论支持。根据法律关系主体范畴发生变化的程度，可将法律关系主体制度的形成和发展历程划分为三个阶段。

第一阶段为家族和家父法律主体地位阶段，这一阶段中大多数自然人不享有法律主体地位，即不能成为法律关系主体。这一阶段发生在法律主体制度的形成初期——古罗马法时期。在早期罗马法中，家族是法律构成的基本单元。法律只有在家族这一层面上发挥作用，并且也仅止于家族，没有向家族内部关系进行渗透。根据英国著名法学家梅因的考察，古代西方社会中，家族是共同服从于一个最高父权的统治，并因吸收外来人而不断扩大的团体组织。❷作为法律承认的基本单位，家族内部秩序的维持，主要依靠家父权，而且这种统治所依靠的也不是法律，而是与法律相对立的习俗。

对家庭内部关系而言，家父对家子（包括家族内的妇女、卑亲属

---

❶ 江山：《人际同构的法哲学》，中国政法大学出版社2002年版，第175页。
❷ ［英］梅因：《古代法》，沈景一译，商务印书馆1996年版，第106页。

和奴隶）的人身、财产拥有生杀予夺的大权。正是家父权在家族内部的这种至高无上、不受法律约束的绝对性，把家族这个团体凝结起来，使家族在法律上表现为一个统一的共同体。可以说，古代法律对家族共同体的承认就像今天的法律对自然人的承认一样。对此，梅因也指出："最古法律的各种特性从开始时就使我们得到这样一个结论，即在权利和义务制度上，它对于家族集团所持的见解正和我们今日流行在全欧洲的对于个人所持的见解完全相同。"❶ 尽管家父在家族内享有至高的权威和地位，但对外而言，家父在法律上只是作为家族的代表来行事，家父的死亡对于家族的法律地位而言并无影响。因为，对于法律而言，家父或族长死亡的结果只是代表家族集团组织和对于市政审判权负有主要责任的人换了一个名字而已。虽然如此，家父作为家族的代表在法律中还是占有一席之地的。相比较而言，此时家族内的子、妇女和奴隶等在法律上均没有独立的人格。

第二阶段为自然人法律主体地位阶段。近代以来，随着经济发展和思想意识的解放，尤其是资本主义的兴起，个人的法律地位日益彰显，于是以"人格"为标准，以《法国民法典》为代表的自然人的法律主体地位开始确立。《法国民法典》第8条规定："所有法国人都享有民事权利。"❷ 根据当时法国法律的规定，享有民事权利的一个基本要件是要取得法国人资格。民事权利也会因法国人资格的丧失而丧失。而且，并非所有的自然人都当然地享有民事权利，法院可以依法判决剥夺自然人的民事权利。在以后的法律中，"法国人资格"曾被修改表述为"法国国籍"，而在之后的法国民法学说解释这条规定时创造出了"人格"的概念，以"人格"代替了"法国国籍"。根据解释，人格的有无被作为自然人能否适用法国民法，享有民事权利，成为权利主体的区分标准。

虽然"人格"理论在适用初期存在一定的局限和问题，但是，通过人格概念可以过滤出符合法律目的的法律主体，由此也使自然人获得了人格这一法律属性。自从人格概念进入法学领域以来，法律主体范围的扩大就转化为讨论"人格"的范畴。自《法国民法典》开先河

---

❶ ［英］梅因：《古代法》，沈景一译，商务印书馆1996年版，第79页。

❷ 《法国民法典》，马育民译，北京大学出版社1982年版，第3页。

之后，许多国家都确立了自然人在法律上的主体地位，但是，自然人获得法律上的主体地位，成为法律上的人并不仅仅依靠《法国民法典》中的人格标准。《奥地利民法典》在平等对待本国人和外国人基础上，最先提出了"一般性权利能力"的概念。从此，"权利能力一律平等"被作为人法的核心得以确立。之后，随着《德国民法典》对权利能力的确认，即明确认可权利能力是成为权利和义务载体的能力，且权利能力属于每一个具有自然人特征的实体，这样就完全确定了所有自然人的法律主体地位。

第三阶段是非自然人实体开始享有法律主体地位阶段。《德国民法典》所确立的权利能力标准为非自然人实体成为法律主体提供了理论上的依据。权利能力标准也使法律主体不再单单与自然人相联系，这为法律主体突破自然人的限制提供了理论上的可能。所谓非自然人实体获得法律上的主体地位成为法律上的"人"，是指不但生物学意义上的人可以被赋予法律主体资格，不具有任何生物学意义上的非自然人实体，基于立法者的需求也被赋予法律人的资格，取得民事主体地位，从而加盟进法律上"人"的行列。❶ 其中，最早并且也完全获得民事主体也即法律关系主体地位的非自然人实体是法人。

其实，早在罗马法时期，非自然人团体的法律地位问题就开始被思考和讨论了。在古罗马时已经存在诸如城市、乡村、宗教团体、船业团体和商业团体等，但在罗马法及罗马法学家看来，"团体仍然是数目众多的人，它只是在对外与第三人的民事关系方面，才被认为是统一体。团体的财产，与其说是从组成团体的自然人中独立出来的财产，不如说是他们的共有财产。因此团体的法人人格只是出于萌芽状态。在这一时期，罗马法还不可能建立起系统的法人制度"❷。最早系统规定法人制度的是《德国民法典》。《德国民法典》在第一编中将法人列为专章专节，并对法人的成立、登记、法人机关和破产等事项都作了详细的规定。这个法人制度体系被后来的瑞士等大陆法系国家所采纳或效仿。

那么，法人何以能够获得法律上的主体地位呢？自18世纪以来，

---

❶　李拥军："从人可非人到非人可人：民事主体制度与理念的历史变迁——对法律'人'的一种解析"，载《法制与社会发展》2005年第2期，第15页。

❷　马俊驹、余延满：《民法原论》（上），中国法制出版社2000年版，第340页。

对这一问题主要存在法人拟制说、法人否认说和法人实在说三种理论学说。其中，法人拟制说代表人物是德国著名法学家萨维尼。他认为，民事主体享有权利，必然要有意思能力，没有意思就不能享受权利，也不能具有法律上的人格。因此，民事主体应以自然人为限，非自然人实体之所以能够成为权利主体，是因为用法律的力量把它拟制成为自然人的结果。法人否认说则认为，一切社会组织的事务都应看作组织内全体个人的事务，执行此事务的人应该看作全体个人的代表而非法人，因此，任何社会组织只是个人的集合，从来不存在什么法人这个主体。法人实在说则主张法人是独立存在的实体，它与自然人一样都具有自己独立的意志，可以独立享有权利和义务。就我国的民事立法而言，法人的法律主体地位的确立是以法人实在说为基础的，即认为法人具有民事权利能力、民事行为能力和侵权行为能力，这为我国《民法通则》所规定或体现。

其实，无论是何种学说，法人的法律主体地位已经获得完全的确认，这是毫无疑问的。相比之下，一些其他非自然人实体或组织却未能获得相应的法律主体，尽管笔者认为根据传统的或者本书对法律关系主体含义的界定，这些非自然人实体未获得法律主体地位是有理由的，但许多学者尤其是从事环境法学研究的学者则从环境法或环境保护的视角，对传统的法律关系主体理论提出的挑战，要求扩大法律关系主体的范畴，将诸如自然、动物和后代人等非自然人实体纳入法律关系主体范畴之中，使其享有相应的权利。

（三）法律关系主体理论面临的挑战

依据法律关系主体理论，已经被法律所认可的法律关系主体有自然人、法人和其他社会组织。然而，正如法律关系主体制度自产生以来一直处于发展和演变之中一样，随着经济、社会的发展，尤其是人类意识到自然环境之于人类的重要意义以及环保的重要性之后，一些学者开始思考从伦理和法制等方面改变现有的观念和制度。于是，法律关系主体制度和相关理论再次面临着自第三阶段，即非自然人实体的法律主体地位阶段以来最为严峻的挑战。

一些坚持主张对传统法律关系理论进行变革的学者认为，传统法学围绕主体这一核心概念来建构其规则体系，非主体即为客体或者物，它们只能成为客体或者物，只能成为主体实现权利（或权力）的对象。他们批评在传统法律思维下，环境法只能保护那些被纳入主体范畴内的人或组织的权利，而对于自然资源、动物等的生命权等权益则没有给予主体性保护。因此，他们开始强烈抨击传统法律思维的人类中心主义伦理观，主张赋予大自然或自然体等以法律主体地位。例如，有学者通过论证表明，大自然不但具有主动性和创造性，而且其主动性与创造性高于人的主动性和创造性，由此也表明大自然的主体性高于人的主体性。并且他们还指出："赋予具体非人动物或者植物以内在价值和权利的最大困难在于：在强大的人类面前，它们无法维护自己的权利，它们无法像人类一样，即无法用人类的语言，申述自己的内在价值。亦即它们不具有与人同等的主体性。当人们煞有介事的强调应承认它们有内在价值并维护它们的权利时，恰恰是站在无比优越的主体地位表示对它们的怜悯与关爱，目的必定是保障人类的安全与福祉。"❶ 此外，围绕着动物和后代人等的法律主体地位，都发生了许多讨论甚至争论。

笔者认为，根据法律关系理论及法律关系主体理论，法律关系只是发生在人与人之间，是人与人之间的行为关系，自然、动物和后代人等都不符合法律关系主体资格，难以成为法律关系主体，但面对这些挑战甚或责难，我们又该怎样来准确而完整地解读法律关系主体理论，甚至在应对这些挑战或责难过程中，主动地修正现有的法律关系主体理论和法律关系理论，使其具有更强的理论包容性，在应对或反驳相关挑战或责难的同时，也通过自己的方式来解决那些挑战或责难中所提出的环境保护问题。

二、环境法律关系主体及有关特殊实体法律主体地位的讨论

（一）环境法律关系主体的含义与意义

环境法律关系理论从其出现伊始就被一些学者用于挑战传统的法律关系理论，认为传统法律关系只调整人与人之间的关系，而忽略同样重要的人与自然的关系，这导致许多非自然人实体没有被纳入环境法律关系主体范畴之内，从而严重影响了对环境或生态的保护力度。

---

❶ 卢见："自然的主体性和人的主体性"，载《湖南师范大学社会科学学报》2000 年第 2 期，第 19～20 页。

鉴于主体在法律关系理论中的重要性，许多学者开始从环境法律关系主体理论入手，论证环境法律关系主体的范畴，以修正传统的法律关系主体和法律关系理论。笔者同样认为，环境法律关系主体理论对于环境法律关系理论非常重要，研究环境法律关系首先要搞清楚环境法律关系主体的范畴，这是研究环境法律关系的一个基本前提，因为环境法律关系主体范畴的确定直接影响到环境法律关系客体和环境法律关系内容的确定。

该怎样来界定和理解环境法律关系主体的含义呢？根据传统的法律关系主体理论，可以这样定义环境法律关系主体，即"是指环境权利的享有者和环境义务的承担者，或者参加环境法律关系享受环境权利承担环境义务的当事人"❶。而有些学者则基于对传统法律关系理论的批评，在提出环境法应该同时调整人与人和人与自然的关系基础上认为，环境法律关系主体"是指引起环境法律关系的环境行为的发起者，是指在环境法律关系中享有权利和承担义务的当事人或参加者，又称权利义务主体、权利主体和义务主体"❷。此观点还进一步指出："环境资源法律关系的主体主要是人，在个别法律中也可以是人造人、克隆人、动物、非人生命体甚至自然体。"❸ 笔者认为，尽管后一观点在对自然等非人生命体的定位上具有多样性，包含有强烈的伦理思想，给予环境法以非常鲜明的特点，使其可以与传统的民法学画开界限，可以称得上是一种比较新潮和大胆的主张，但正如前文所分析和主张的那样，法律始终是调整人与人之间关系的，法律关系只能是发生在人与人之间的社会关系，环境法同样也不例外。环境法只是通过调整人与人之间关系即对人与人之间的环境行为关系进行干涉和规范来间接调整人与自然的关系，所以，环境法律主体应该主要限定在传统的法律主体范畴之内，应该符合传统的法律关系主体理论中关于主体属性的界定。

我们知道，环境法具有典型的公共利益属性，环境问题的解决和对生态的保护需要全社会的共同努力，这在我国《环境保护法》第6

---

❶ 吕忠梅：《环境法学》，法律出版社 2004 年版，第 54 页。
❷ 蔡守秋：《环境资源法学》，人民法院出版社 2003 年版，第 93 页。
❸ 蔡守秋：《调整论——对主流法理学的反思与补充》，高等教育出版社 2003 年版，第194 页。

条中已经明确规定："一切单位和个人都有保护环境的义务。"因此，我们可将环境法律关系主体的含义界定为：一切为环境法律规范所调整的，直接或间接实施与环境有关的各种行为的个人或者社会组织。据此，笔者认为，环境法律关系主体包括自然人、法人（公法人和私法人）和其他社会组织等。需要指出的是，鉴于环境法律关系的特殊性也即由于环境法的生态保护使命所决定，自然人不仅可以个体的名义作为环境法律关系主体而存在，自然人的集合体或者人类整体也可以作为环境法律关系的主体。

确定环境法律关系主体的含义及其范畴，对于环境法律关系理论和环境法研究而言，都具有重要的意义。就环境法律关系理论研究而言，主体是环境法律关系的三个构成要素之一，并且也是确定环境法律关系客体和内容的前提性要素。无论怎样界定法律关系客体和内容，环境法律关系主体都是客体和内容的承载者或者其产生的发起者。所以，只有先确定了环境法律关系主体的含义与范畴，才有可能对环境法律关系的客体和内容开展进一步的研究。这也就意味着，研究环境法律关系理论，必须首先对环境法律关系主体理论进行研究和分析。就环境法研究而言，当前环境法研究面临许多争论，并且因许多基础性理论尚未达成较为一致的看法而陷入困境，其中争论较多的是环境法的调整对象、环境伦理、自然和动物等能否成为环境法主体，以及环境权等问题，从中我们不难发现，这些存在较多争论的问题都是环境法的基本理论问题，同时，这些问题也大都涉及环境法主体问题。因此，从理论上明确环境法律关系主体的含义和范畴，可以让我们接下来更好地应对或解答上述争论，从而推动环境法学走出理论困境，为环境保护和生态改善提供充分的理论支持和制度保障。

我们从理论上对环境法律关系的含义和范畴作了界定，而且这种界定是建立在传统的法律关系理论基础之上，并没有对环境法律关系主体理论作颠覆性地改变，因此，本书的观点从逻辑上可以讲得通。但是，我们依然要面对来自那些试图对环境法理论尤其是环境法律关系理论作出颠覆性改变的批评者的质疑，以及他们所提出的一些问题。就环境法律关系主体而言，我们无法回避的问题是：自然、动物和后代人等传统理论批评者所极力将其确定为环境法律关系主体的这些非自然人实体，如果否认其法律关系主体地位，那么该如何认识其在环境法律关系中的角色，如何从理论上回应批评者的质疑，以及如何对其进行更好的保护。毕竟，这些非自然人实体已经成为当前生态保护中必须予以重视的因素。

（二）自然能否享有法律主体地位

在环境法律关系主体所面临的各项挑战中，本书需要首先回应的是自然能否享有法律关系主体地位的问题。为了研究的方便，本书将那些反对自然或非自然人实体获得相应法律主体地位的观点和学者称为"传统派"，他们坚持传统的关于法律关系是人与人之间的关系的信条，而将那些主张或者支持自然或非自然人实体应该获得法律主体地位并享有相应权利的观点和学者称为"激进派"，毕竟，他们的观点对于法律关系理论乃至整个法学理论而言，看上去都是一种具有颠覆性的激进的理论。

我们知道，近年来，随着各种全球性问题的日益加深，人们开始反思自己的行为及背后的理论，许多学者也开始对以理性和个人主体性等为特征的现代性进行反思和批判。面对日益严峻的生态环境问题，激进派发出了人类应该尊重自然，回到自然的范畴的口号，他们反对一切人类中心论，主张社会应当以生物圈为中心，在人类利益和生态利益发生冲突时，以生态系统的完整和稳定为尺度来权衡和选择。

要想确立自然的法律关系主体地位，首先要回答的问题是自然是否有内在价值。对此，激进派在批判西方近代以来的伦理学和哲学传统一贯坚持把价值划归为人类活动领域的一个范畴而非人类的生物和整个自然根本不具有价值这一观点的基础上指出，这种传统的对待自然的人类中心主义态度正面临着系统哲学、自组织理论和全球生态学的严峻挑战，在这种挑战面前，传统的价值概念和体系需要作出新的改变和拓展。激进派认为，所谓价值，不是别的，它是一切自组织系统的本质特性，是自组织系统在进化过程中"有目的地"维持自己而固定在稳定结构中的成果，以及它向更高水平发展的超越性活动。❶ 基于对价值的这种理解，激进派所坚持的自然中心主义指出，自然具有其丰富的自身价值内容，具体表现在三个方面：（1）创造性

---

❶　余正荣："自然的自身价值及其对人类价值的承载"，载《自然辩证法研究》1996年第3期。

价值和维持性价值。自然的创造性价值，是指作为自组织系统的自然在与环境的相互作用过程中，由低向高、从简单到复杂的方向进化，使自然的价值矢量呈等级性升级，从而自然整体的价值不断增殖。在这一过程中，自组织系统在环境发生涨落的情况下，能够自主地以自身内部结构的稳定性和有序性，适应外界环境的变化，以维持自己的存在，这就是它的维持性价值。（2）整体价值与局部价值。地球生物圈作为一个自组织系统，具有整体的价值，而这个整体价值是由所有组成部分的功能整合所形成，并在部分之间的协同进化中呈现出来。同时，生物圈自组织系统的这些有机组成部分，各自发挥着自己的功能，具有作为整体的组成部分的价值。（3）自为价值与工具价值。自组织系统的行为以自身的存在和发展为目的，因而有着自为的价值。自为价值可以看作系统自身的内在价值，它是自组织系统在自我调节的活动中追求某种合乎自身目的性的东西，它的这种追求并不要求必须具备人的意识或是动物的感觉等前提。自组织系统同时还具有满足在它之外的自组织系统或它所隶属的更大系统的需要的工具性价值，而不仅仅是作为人类资源和环境的工具价值。工具价值可以看作系统对他物的外在价值，它表现为一物的存在对他物的用途。❶ 既然自然具有其内在价值，那就意味着自然也具有相应的主体性，能够也应该获得相应的法律主体地位。

除了论证自然具有内在价值外，激进派还从法律主体资格角度论证自然或自然体应该享有主体资格。激进派承认，要想成为法律上的人就要有法律主体资格，并且这种主体资格是通过法律赋予的。对此，有学者认为："在调整人与自然的关系的环境法律规范中，人对自然的义务实际就是自然享有权利的反映。"❷ 因此，若能证明自然享有权利便意味着自然可以具有主体资格。那么，自然能否享有权利呢？在激进派看来，自然享有权利是毋庸置疑的。例如，有学者指出："从环境法面临的现实状况来看，确立自然的法律主体地位已成为一种必须。首先，自然的权利设置与实现的良好沟通与对话机制已经建立。

---

❶ 袁祖社："对非人类中心主义'自然界内在价值'观的质疑与辨析"，载《社会科学研究》2002年第1期，第59页。

❷ 刘书俊："环境法律主体张力之非人生命体法权"，载《环境与可持续发展》2009年第5期，第55页。

生态运动的发展，包括动物保护运动、自然物保护运动的发展通过非政府环保组织在国家机关与公众之间创造了沟通与对话机制；其次，现代科学的发展已证明人仅是自然界的一环，仅是自然界诸多物种的一个物种；最后，生态环境已经遭受巨大的不正义，仅靠人类基于自己利益的立场出发必然逃脱不了'公地的悲剧'，应当给自然（同时负载着公共利益）以利益表达的机会。"❶

对于激进派的观点，笔者认为，人类确实应该被视为自然的一部分，无论是作为个体的人还是集合体的人都需要正确处理好与自然的关系。如何处理人与自然的关系，自古以来就有很多思考和主张，时至今日，人类在处理与自然关系时应该秉持和谐价值理念，注意自己的行为与自然的协调，尤其要注重对自然规律的尊重和对自然环境的保护。虽然如此，从理论上看，自然无论如何都不能作为法律关系主体而存在，正如价值的主体永远是人而非自然或非人生命体。价值概念所表示的是人作为主体的无限而绝对的生成，换言之，主体性是价值的本质。所谓自然也具有价值的观点，笔者认为自然的确具有价值，但这种价值是自然作为客体对主体的人而存在的，而不是什么自然的"内在价值"。那些主张自然具有内在价值（无论何种价值内容）的学者似乎忽略了这样一个基本常识：价值这个概念和理论范畴本身都是主体的人所创设的。说自然具有这样或那样的价值，都不外乎是作为主体的人外在的思考和精神附加。

早在公元前 5 世纪，希腊著名智者普罗泰戈拉就声称："人是万物的尺度。"其基本意思是，万物的价值都要通过人来赋予和衡量。对于自然的价值，笔者赞同学者袁祖社的论述："自然价值满足的不只是人们认识改造活动等对象性活动的需要，还包括人类栖息延续条件的生存环境需要。自然事物因其能够起到维持生态系统平衡的作用，因而被认为是有价值的，这完全是因为生态系统的动态平衡符合人类的利益需要。"❷ 当然，围绕自然的内在价值而展开的争论，无论是人类中心主义还是生态中心主义的立场，二者从最终的目的上来看并非是不可调和的，尤其是对于激进派所持的生态中心主义的观点

---

❶　张峰："走出自然权利认识的误区"，载《政法论丛》2007 年第 4 期，第 70 页。

❷　袁祖社："对非人类中心主义'自然界内在价值'观的质疑与辨析"，载《社会科学研究》2002 年第 1 期，第 60 页。

和主张，我们可以将其视为具有终极关怀色彩的人类道德理想，它激励着我们在更好地协调与自然关系的基础上积极地追求所需的利益及美好的价值目标。

（三）动物能否成为环境法律关系主体

近年来，许多学者基于保护动物的强烈愿望，提出动物与人类一样，都应该享有法律主体地位，应该享有相应的权利。显然，这也是一个关系到法律关系理论尤其是法律关系主体理论的一个根本性问题。围绕这个问题，学界产生了激烈的争论，而各位学者所持立场无非是反对或支持。对于本书的研究而言，我们要关注的不仅是有哪些学者支持动物应享有法律主体地位，或者哪些学者反对动物的法律主体地位，而且更要留意和解读支撑各自观点背后的理论和论据。由于笔者主张坚持传统的法律关系理论，在法律关系主体范畴界定上也将动物排除在外，因此，本书所持观点或立场属于传统派。为了更好地认清有关动物主体问题的论争，让我们先来看激进派所主张的动物主体地位的理论依据。总结激进派的论述，大体可以将其论据或论证思路归纳为这样四个方面：

一是对近代以来西方哲学中主体性理论的反思甚或批判。激进派指出，自笛卡尔之后，西方哲学家倾向于将任一存在者不是将其视为主体便是客体。主体是自主、自足、自为的存在者。上帝死了之后，人理所当然地成为主体，而且只有人是主体，一切非人的存在都无主体性。西方哲学的这一理论被认为是有问题的，他们"把主体性理解为自我意思的展现或人的意识的确定性是对主体性的过分狭隘的理解，是'自恋情结'的表现，也是人类中心主义的'专利'"❶。但是，实际上"无论是从人类整体的行为还是个人行为来看，人都远远不是一个主体，远远没有成为自觉"❷。因为人的主体性是有限度的，它只在认识领域中存在，并且还要受道德的约束。但是，由于人类并没有认识到主体性的有限性，在处理人与动物关系时，人类便陷入了主体性的困境。

不仅如此，主体性还意味着某种自主性和自觉性。"衡量一个人

---

❶ 卢见："自然的主体性和人的主体性"，载《湖南师范大学社会科学学报》2000年第2期，第17页。

❷ 严春友："主体性批判"，载《社会科学辑刊》2000年第3期，第29页。

或一个组织是不是法律关系的主体，首先看他（它）们是不是权利的主体。权利的主体才是真正意义上的法律关系的主体，成为法律主体的入口是道德上主体地位的确立。因为，道德乃法律的先在之法，是更高一级的法。它在逻辑上优先于法律，在功能上是对法律构成批判和评价的标准。因而，动物的权利获得道德的支持，为其进入法律，最终上升为法律权利主体构筑了前提，才能消解'人类中心主义'法理观。法律的目的是追求正义，正义地对待动物必然也会成为法律追求的目标之一。"❶ 因此，从道德意义上讲，动物应该获得其主体性地位。

　　二是对法律关系主体理论的修正。要想使动物获得相应的法律主体地位，就应该首先对法律关系主体理论进行修正。为此，激进派从法律变革的角度提出了人际同构理论，指出法律可以而且也应该将人与自然的关系纳入其调整对象范围内。具体而言，有学者指出，传统法律是人域的，以权利为本位，是为了人们之间权利的公平、正义、合理等价值目标而设置。它只关注人域之间的利益得失，只满足人域秩序和安全。而接下来的法律变革将是一次真正的革命，法律将开辟一个新的领域，它不限于人域范围，也不是人类自我封闭的秩序体系，它要求人类再次返还到自然这个大背景面前，与自在世界而不仅仅是人域世界建立起一种同构、和谐与公正的新秩序。❷

　　在人际同构理念和理论的指导下，有学者针对法律关系理论，提出了主体构成性法律关系模式理论。所谓主体构成性法律关系模式，是与主客观二分化的法律模式相对应的，意指："在人与自然交互作用的广阔图景中，就法律关系的内部构造而言，法律主体资格不再意味着其享有主体对客体的支配力，它对被赋予主体资格的实体而言只是一种构成性（constructive）的东西，并不影响各实体的本质；各实体只是借助主体资格发生法律关系。"❸ 这样一来，主体资格便不再是能否成为法律关系主体的决定性因素。换句话说，法律主体资格作为

❶　郑友德、段凡："一种理念的诠释：动物法律主体地位之思考"，载《华中科技大学学报》（社会科学版）2004 年第 6 期，第 53 页。
❷　江山："法律革命：从传统到现代——兼谈环境资源法的法理问题"，载《比较法研究》2000 年第 1 期，第 27 页。
❸　李萱、江山："动物如何不是物"，载《河南社会科学》2003 年第 6 期，第 33 页。

一种法律属性对个体而言只是一种构成性东西，这使法律主体少了一些主客观二分的等级性意味，而是否具有主体资格这种属性，并不影响个体本身的性质。因此，在这一模式下的法律关系更加关注人与自然的关系，在这种模式下的法律关系主体，自然而然也就包括了动物。

三是从伦理学尤其是环境伦理的角度进行论证。前文讲过，我国学者对环境伦理的探讨主要集中于人类中心主义与生态中心主义两种伦理观。对于激进派而言，他们主张动物应该享有法律主体地位的一个很重要的论据是对人类中心主义伦理观的批判，以及对生态中心主义伦理观的呼吁。在激进派看来，传统法律是以人类利益为中心的，法律存在和运行的目的就是维护和满足人类利益需求。但是，这种法律理念是人类一种狭隘和自私的观念，这种观念虽然曾经在过去几个世纪中对人类的发展起到了积极作用，但随着地球上人口的不断增多，人类将不可避免地迎来与自然界以及自然界的非人类实体的争斗，而争斗的结果也必然会以人类的失败而告终。因此，人类实际上并非自然的中心，"动物还没死，它们的权利需要保护。而且不应作为客体保护，而应作为主体来保护"❶。

四是从制度设计上进行实证分析。无论是动物完全法律人格论者，还是动物限制法律人格论者，在论证上都会援引《德国民法典》的修改作为其主要论据。1990 年 8 月 20 日依据《关于在民事法律中改善动物的法律地位的法律修正案》，《德国民法典》增加了三个条文，尤其是增加了一条："动物不是物。它们由特别法加以保护。除另有其他规定外，对动物准用有关物的规定。"如此白纸黑字，经常被激进派拿来用做实证根据，认为这代表着最新的立法动态，代表着人类对动物态度的转变在法律上的体现，动物由权利客体上升为权利主体。

此外，激进派还经常援引的实证资料有：英国于 1822 年出台了世界上第一部与动物福利有关的法律，通过了禁止残酷对待家畜的"马丁法案"。1973 年，美国伊利诺伊州《人道地照顾动物的法律》中规定，任何人和所有者不得打、残酷对待、折磨、超载、过度劳作或用其他方式虐待动物。德国《动物福利法》第 2 条规定，授权联邦食

---

❶ 徐昕："论动物法律主体资格的确立——人类中心主义法理念及其消解"，载《北京科技大学学报》（社会科学版）2002 年第 1 期，第 19 页。

品、农业和森林部，颁布有关动物活动的自由、动物运输、照顾和管理等法令。WTO《技术性贸易壁垒协议》中也规定，不应妨碍任何国家采取必要的措施，保护人、动物及植物的生命与健康和环境。据此，激进派认为："在人类发展进程中，环境法律关系主体张力是客观必然的，营造和构建和谐的地球生态环境，必须应对这种张力所带来的新问题，使非人类生命体成为法律关系的主体并予以调整，以解决其环境法律主体内在张力与完善可持续发展环境法律关系调整之间的矛盾和冲突。"❶

　　笔者认为，尽管我们可以强烈地感受到激进派在动物保护方面的热忱之心，并对其所提出的主张和理论表示情感上的理解，但我们并不赞同为保护动物而将动物人格化、赋予其法律关系主体地位。激进派主要从上面四个角度甚至更多的角度来论证赋予动物法律人格或法律主体地位的重要意义，但笔者依然认为，动物不能作为法律关系主体而存在，对动物的保护笔者完全可以通过其他方式来进行。针对这一观点，结合激进派的相关理论和观点，笔者将从两个方面来论述为何反对将动物作为法律关系主体。

　　一方面，法律是人的法律，法律对任何动物关系的调整只能通过对人的行为以及人和人之间关系的调整来进行。"如果动物成为法律主体，则意味着法律不仅调整人们之间的行为，也要调整动物之间的行为。但是，法律作为一种社会控制方法要起作用，至少需要满足这样一个条件：即'它必须是可理解的'，同时依据法治精神，动物既然是法律主体，法律对他们至少也应当是公开的。问题是，又有谁能够告知动物们法律对它们的要求呢？"❷ 我们知道，要想成为法律关系主体意味着必须具备法律人格。而法律人格又是建立在理性基础之上，即法律主体必须以理性能力作为其基础。"动物权利论者关于将动物纳入法律主体的范畴，赋予其法律权利的主张，全然忽视了'法律主体'这一概念本身的逻辑基础在于人类的实践理性，即社会成员对于社会价值和法律规范怀有内在的认同感和自愿服从的义务感，而这种理性基础是规范性社会秩序的构成性要求。正是因为动物的治理表现

---

❶　刘书俊："环境法律主体张力之非人生命体法权"，载《环境与可持续发展》2009年第5期，第54页。

❷　陈本寒、周平："动物法律地位之探讨"，载《中国法学》2002年第6期，第69页。

和人类的实践理性存在质的不同,动物成为法律主体存在根本性障碍。"❶ 一些国家立法对动物福利甚至权利的保护,并不意味着法律人格可以无限制地扩张到动物身上。针对《德国民法典》修改中关于动物不是物的规定,杨立新和朱呈义两位学者从这次民法典编撰的特定背景、德国民法典有关动物内容的逻辑体系和语言逻辑三个角度进行分析,认为"动物不是物"的规定并不意味着动物已经具有了法律人格,脱离了法律物格的地位,《德国民法典》修改的立法意旨不是赋予动物法律人格,而只是对作为法律物格地位的动物加强保护而已。❷

另一方面,对动物的法律保护并不需要在法律上赋予其主体地位,赋予其足够的权利,我们完全可以通过其他方式从法律上更好地保护动物。对此,杨立新和朱呈义两位学者在文章中专门就动物在我国的保护提出六点立法对策:(1)在未来的民法典中确认动物的法律物格地位是最高的或次最高的,规定对动物的特殊保护措施,尊重他们的生存、生命与健康,使他们成为这个世界上除了人类之外的最重要的生灵;(2)对动物的概念应该有更明确的界定,不再将生物学意义上的动物概念直接等同于法律意义上的动物概念。为此,我们对动物的规定应该有所创新,可在民法典民事权利客体部分,在对普通物的规定之后,专设动物一条,规定本法所称动物是指野生动物、宠物以及其他经济动物、实验动物等人为饲养或者管理的脊椎动物,对于一些低级的动物可能不具有予以法律特别规范的价值可以不予立法考虑;(3)对权利主体对动物行使权利加以限制,如民事主体在对动物行使权利时应该尊重动物的生存、生命和健康,不得以违背人道主义的态度残酷地对待动物;(4)规定动物保护人制度;(5)为动物福利设立基金;(6)对动物致人损害责任的承担方面根据具体的情形分别规定。❸

总之,本书持保守派立场,反对赋予动物以法律关系主体地位。

---

❶ 许翠霞:"动物真的能够成为法律主体吗?——关于法律主体的前提性说明",载《安徽大学学报》(哲学社会科学版)2010年第6期,第130页。

❷ 杨立新、朱呈义:"动物法律人格之否定——兼论动物之法律'物格'",载《法学研究》2004年第5期,第93~94页。

❸ 杨立新、朱呈义:"动物法律人格之否定——兼论动物之法律'物格'",载《法学研究》2004年第5期,第99~102页。

虽然如此，我们丝毫不反对任何可以有效加强对动物保护的立法或法制改进。只是我们应该做的是在一些具体制度和措施上的改进和创新，而非过分地陷入对人类中心主义的批判以及对动物法律关系主体地位的确立这样的理论迷思当中不能自拔。

（四）关于后代人法律主体地位的讨论

笔者曾跟一位朋友聊过这样一种现象：朋友讲，市场上有两种不同材料做成的塑料盆，一种是用普通塑料做成的，价格便宜，一个仅卖 5 元，另一种是特殊塑料做成，价格 15 元。普通塑料做成的盆到冬天易脆而容易损坏，特殊材料则不会出现这种情况。许多市民在购买塑料盆时都选择 5 元的，即使到了冬天出现了破损而再买一个或者两个 5 元的，也不会去购买 15 元一个的。对于这一现象，我们固然可以说可能有些市民偏好 5 元的，或者从其他方面给予支持性分析。但是，我们从中可以解读出的一点是，许多人甚至人类都存在这样一种缺陷，即缺乏更为长远的眼光。虽然从长远来看，当下投入多一点有利于今后获得更大收益，但是，人们往往计较眼下的成本与收益，而置这种选择从长远看是否经济于不顾。

也许这种分析在一些学者看来有些牵强，但不可否认且非常遗憾的是，人类在许多方面都毫不客气地展示了这一缺陷并造成了相应的不利后果，如在处理人与自然关系时，我们往往过于关注眼前的或短期的效益，而不顾自然为此付出的代价可能会在未来某一时刻向人类追偿，从而让人类付出远远超过当初收益的代价。当然，人类亦不乏反思的理性，为了克服人类自身的这一缺陷并避免因此而可能造成的大规模损失，许多学者在思考人与自然关系时发出了人类应该以更为长远的眼光来选择自己当下的行为，当代人在通过对自然环境的干预或交换而获取所需利益时，应该顾及后代人的利益的呼吁。所谓的"不能耕子孙地、断子孙粮"、"为子孙留一片蓝天"等口号，反映了人类在处理其与自然关系时，考虑到应该协调好当代人发展与后代人发展的关系这样的问题，即可持续发展的问题。

1971 年，美国著名哲学思想家罗尔斯的《正义论》研究了当代人对后代人的道德义务，其中就包括环境道德义务。环境道德的建立，为我们解决环境问题提供了一种新的视野。而在此基础上提出的代际公平理论，更是人类开始正视当代人与后代人关系的一个重要标志。

代际公平这个概念最早是由美国国际法学会副会长乔治和华盛顿大学的爱迪·B. 魏伊丝教授共同提出的，他们依托"行星托管"这样一个概念，较为完整地构建了其关于人类代际公平的理论体系。根据吕忠梅教授的界定，所谓的代际公平，"是指人类在世代延续过程中，既要保证当代人满足或实现自己的需要，还要保证后代人也能够有机会满足他们的利益需要"[1]。代际公平理论的提出，在一些激进派学者看来，这使后代人成为当然的道德主体，同时，为了更好地维护后代人的利益，还应将后代人确立为环境法主体，使其具有法律主体地位。例如，学者陈红梅主张："不能仅将后代人作为道德主体，也不能仅仅在环境法理论层面去探讨后代人的法律地位，我们必须突破传统法律的不足，在法律上真正赋予后代人法律主体资格，对后代人的利益进行切实的保护。这样既能使代际公平理念得到很好的贯彻，又能更好地完善环境法基本理论。"[2]

激进派要求将后代人纳入法律关系主体范畴，为了支持自己的观点和主张，他们还列举了一些国际立法和司法实践，以增强说服力。例如，1946 年的《国际捕鲸管制公约》在前言中提出："为了后代的利益，保护以鲸这个物种为代表的重要自然资源，是世界各国的利益。"1968 年的《非洲保护自然界和自然资源公约》中提出了"为了人类今后时代的幸福采取行动，从而保护、利用和发展以土壤、水、植物和动物资源为代表的财富"。就一个国家的立法而言，《匈牙利人类环境保护法》（1976 年）在第 1 条规定，为了保护人的身体健康，不断改善这一代人和后代人的生活条件。在司法实践中被引用最多的是出现在菲律宾最高法院 1993 年审理的"未成年人诉环境资源部部长"一案中。法官在该案中授予了 44 名儿童诉讼权，使之能以自己以及子孙后代的名义提出诉讼，要求政府停止大规模出租国家森林给开发公司砍伐。最后，法官对原告诉讼请求给予了支持，判令被告即环境资源部部长撤销其签发的所有伐木许可，从而使大量的森林资源特别是热带雨林得以保全。在判决书中，法官写道："我们不难认定他

---

[1] 吕忠梅主编：《超越与保守——可持续发展视野下的环境法创新》，法律出版社 2003 年版，第 11 页。

[2] 陈红梅："后代人环境法主体地位的构建"，载《西南民族大学学报》（人文社科版）2004 年第 5 期，第 131 页。

们（原告）有权为他们自身、为他们同代人并未后代人提起集团诉讼。——这些未成年人就良好的环境提出权利主张，同时也就是在履行其保护后代人的权利的义务。"❶

确实，面对激进派的上述主张和论据，我们很难再像反驳自然和动物成为法律主体那样坚决，毕竟这里所主张的应该成为法律主体的不再是非人的自然或动物等，而是包含于我们人类范围之中的人类后代。将后代人纳入法律关系主体范畴，赋予其相应的权利，从表象上看，是人类对自身可持续发展的一种更为明智的选择，与法律关系是人与人之间的社会关系这一传统理论并不存在多大的冲突。那么，我们是否就应该承认后代人的法律关系主体地位呢？考虑到法律关系理论的完整性以及本书所秉持的一种传统立场，笔者依然认为，后代人不能或者至少目前依然无法获得法律关系主体地位。对此，我们可从这样三个方面进行分析：

第一，从法律关系的形成及属性来看，法律关系是人类社会中客观存在的各种社会关系经由法律规范调整后所产生，因此法律关系具有客观性。对此，张志铭教授曾指出："各种物质关系不会因为有了法律的外壳而失去其原来的性质，变成为上层建筑的思想社会关系……法律关系是社会关系中由法律确认和调整的各个部分的综合体，其中不仅有属于思想社会关系领域的部分，而且有属于物质社会关系的部分。"❷ 法律关系的客观性首先取决于法律关系主体的客观性，也就是说，法律关系是发生于现实存在的社会主体（自然人、法人或其他社会组织）之间所发生的社会交往关系，对于尚不存在或出现的自然人、法人或其他社会组织，社会关系无从产生，法律关系也无从谈起。对于法律关系主体的客观性问题，前文在阐述法律关系主体含义和特征时已经论述过，并且还引用谢晖教授的观点，即赞成法律关系主体的形成需要具备两个前提：一是客观存在的主体；二是客观存在的主体受到法律的调整。

第二，法律的基本功能之一是分配和调整人们之间的利益关系。激进派所主张的赋予后代人以法律主体资格，看似在调整当代人与后

---

❶　《国际法律资料》（第 33 卷），1994 年，第 173 页。

❷　张志铭："中国社会主义法律关系新探"，载《中国法学》1989 年第 5 期，第 56 页。

代人之间的关系，实际上，这一法律主张仍旧是在调整现实中的当代人与人之间的利益关系。张瑞萍教授明确地指出了这一点，并以各类环境保护公约为例，认为尽管这些公约都谈到各缔约国对后代人的义务，但这种义务的履行对不同国家、不同人群都会产生利益调整的效果。不过，张瑞萍教授并非彻底的传统派，而是一个相对温和的激进派，她还以动物法律人格为例认为，目前即讨论是否赋予动物法律人格的问题恐怕还为时过早，因为这一问题仍然属于现实中的人们的利益关系问题。现在这一问题之所以没有摆到立法者日程上，是因为动物权利倡导者们的利益尚未达到值得如此关注的地步。如果在未来的某一时候，动物权利的倡导者与其他人的利益冲突达到非依法律进行调节不可的程度，那么动物们也许真的会步入法律主体的位置。❶ 对于这一论述，笔者赞同其所持的法律关系是调整人与人之间的关系，而且着力于现实社会中的人与人之间利益关系的调整。值得商榷的是，动物具有法律主体资格这一论断本身是个不可能实现的假命题，并且它与动物权利倡导者的利益并无必然的联系，与动物权利倡导者同其他人的利益冲突之间也并不存在必然的因果关系。

第三，笔者并不反对代际公平理论，同样也主张当代人在发展的同时要兼顾后代人的利益，不能竭泽而渔、杀鸡取卵。但是，激进派所主张的通过赋予后代人以法律主体地位的方式来实现当代人与后代人之间关系的协调的做法，笔者并不赞成。因为，正如前文在分析自然和动物法律主体地位问题时一再指出的那样，对后代人利益的保护并不意味着一定要通过赋予后代人以主体地位来实现。况且，如何界定后代人本身就是一个问题。我们知道，前代人、当代人和后代人三者之间并不存在一个一目了然的时间界限。人类是由世代延续的代际人群有机组成的，当代人是在前代人遗留下来的既定自然环境和社会环境基础上开始生存与发展的，又给后代人留下他们必须接受的自然环境和社会环境。所以，根据环境法的和谐价值，人类要协调好前代人、当代人和后代人之间的关系实际上就是要协调好人类内部关系，那么对于生活在当代的自然人来讲，他们针对所谓的后代人的义务实

---

❶ 张瑞萍："从'代际公平'理论反思民事主体制度的价值"，载《比较法研究》2003 年第 5 期，第 26 页。

际上是当代人（即时的人类存在样态）所担负的延续人类整体发展所必需的义务的体现。由此我们可以说，所谓的当代人与后代人之间的关系实际上是当代人与人类整体之间的关系，因为，人类整体是生生不息的一个历史性的群体，所以与其赋予一个尚不存在的后代人以法律主体地位，不如承认人类整体的法律主体地位。

总之，笔者认为，由于后代人并非一个客观存在，因此不符合基本的法律关系主体属性，无法成为法律关系主体。并且，激进派所主张的对后代人利益的保护及赋予后代人法律主体地位，实际上是当代人对人类整体所承担的义务，因此该被赋予法律关系主体地位的应该是人类整体而非后代人。

三、环境法律关系主体之载体

（一）法律关系主体理论存在的问题

本书虽然立足于传统的法律关系主体理论，坚持反对将自然、动物和后代人等不符合法律关系主体属性的对象体纳入法律关系主体的范畴，但这并不意味着传统的法律关系和法律关系主体理论就不存在问题。在此，仅以当前法学界公认的两个基本的法律关系主体——自然人和法人为例。根据传统的法律关系主体理论，自然人和法人之所以能够成为法律关系主体，是因为法律通过对其能力的确认。这种能力表现为三个方面：权利能力、行为能力和责任能力。

问题在于，法律关系是一个总领性概念，它具体表现为民事法律关系、刑事法律关系、行政法律关系、劳动法律关系、经济法律关系和环境法律关系等，法律关系主体也就相应地体现为民事法律关系主体、刑事法律关系主体和环境法律关系主体等，那么，理论上用来确定法律关系主体的三种能力，是否能够准确地适用于各具体的法律关系主体？换言之，是否各具体的法律关系主体的确立都需要从权利能力、行为能力和责任能力三个方面去考察？在回答这一问题之前，让我们首先来分析这三个概念的含义及其功能。

一般认为，权利能力是指法律关系主体参加一定法律关系，依法享有权利和承担义务的资格。前文讲过，权利能力这一概念系《德国民法典》首先引入，它对民法理论和法律关系理论完善都起到了重要作用。如果在法律上规定一些生物意义上的人不具有权利能力，就意味着这些生物意义上的人不是法律主体而是作为客体而存在。近代资产阶级革命以来，生物意义上的人完全获得权利能力（故称自然人），都以法律主体的地位即自然人的角色而存在，因此有学者认为权利能力实际上也是一种权利，而且是一种基本权利，因为它是其他一切具体权利发生的前提。比如，有了民事权利能力，才可能享有各种具体民事权利；有了政治权利能力（通常是具有公民资格并达到一定年龄），才能享有具体的政治权利和政治自由。● 根据权利能力理论，自然人的权利能力始于出生，终于死亡，而法人则是始于成立，终于消灭。

行为能力，是指法律主体以自己的行为取得、享有权利和承担、履行义务的能力。对于自然人而言，由于年龄、精神健康状况等的不同，有些自然人尚不能以自己名义独立活动，取得权利、承担义务，所以法律上一般将不同状况的自然人区别开来对待，各国一般都是按年龄和精神健康状况将自然人分为无民事行为能力人、限制民事行为能力人和完全行为能力人三类。可见，自然人的行为能力和权利能力并非同时产生，有行为能力必然意味着有权利能力，反过来却不然，有权利能力则并不一定意味着有行为能力。而法人和其他社会组织只要有权利能力，便必然同时具有行为能力，也就是说，权利能力和行为能力在法律确认法人主体同时产生。

责任能力，是指承担法律责任、履行义务的行为能力。承担法律责任通常因违法行为引起或因法律规定的法律事实引起。责任能力被认为是行为能力的特殊表现形式，或者是行为能力在责任领域的表现。尤其在刑事法律关系和侵权法律关系中，责任能力是主体承担法律责任与否的法律依据。

在概览了权利能力、行为能力和责任能力这三个构成法律主体概念的基本要素的含义后，我们会发现，这个看似完整的法律关系主体理论其实是存在问题的，具体表现在：

第一，是否任何性质或类型的法律关系主体，如民事法律关系主体和刑事法律关系主体等，都必须同时具备或符合权利能力、行为能力和责任能力的标准。如果答案是肯定的，那么从刑事法律关系上来讲，为什么一个差一天就满 14 周岁的自然人故意杀人不需要承担刑事

● 公丕祥主编：《法理学》，复旦大学出版社 2002 年版，第 451 页。

责任，而一个在 14 岁生日的第二天故意杀人的自然人就需要承担刑事责任，这种对责任能力从年龄上的规定是否符合主体平等原则，因为这两个人从民法上来看都属于限制民事行为能力的未成年人，二人在民事法律关系中的主体地位是平等的。由此引出的另一个问题是，为什么同样的两个自然人在民事法律关系和刑事法律关系中各自的主体地位会有如此大的差别呢？再一个问题是，这两个自然人是否享有法律主体地位，是否属于法律主体范畴呢？显然，二人都是自然人，应该都属于基本的法律主体。那么，为什么两个人在面对刑事法律时就变得一个是法律主体，而另一个则被剥夺了法律主体地位，一个可以自由地去生，另一个却要义不容辞地去死呢？

第二，在民法的宣告死亡制度中，一个自然人被宣告死亡就意味着其法律主体地位的灭失，因为自然人的权利能力始于出生、终于死亡，权利能力的终止便意味着主体地位的消失。此时会发生的法律后果是，被宣告死亡的人的个人财产转化为遗产由其继承人进行继承，其婚姻关系终止等。但是，现实中经常出现的情况是，被宣告死亡者实际上并没有自然死亡或意外死亡，而是作为一个完全符合"法律主体资格"的自然人在另外一个地方从事各种法律行为。根据我们法律的规定，在这种情况下，其所实施的法律行为是有效的，也就意味着这个被宣告死亡而实际上正常生活的自然人依然具有完全的法律主体地位。这时问题就出来了，该自然人的法律主体地位已经随着法院宣告死亡的判决而灭失，但同时他在现实中实际上又是一个具有完全法律主体地位的自然人，这是否就意味着同一个自然人或者法人可以同时具有两个或两个以上的法律主体人格呢？

第三，前文在简述学界公认的关于法律主体的权利能力、行为能力和责任能力的含义和功能时讲的是：某某能力是法律主体享有权利或承担义务，或者以自己行为去取得权利和履行义务，或者承担责任的能力或资格，这样的含义表述其实存在严重的逻辑问题。因为正如有学者指出的那样，权利能力、行为能力和责任能力这三个概念是"法律关系主体之所以具有主体资格的外在标志和法理要求。倘若没有这些标志，那么，法律关系主体必然会因丧失独立性而变为客体"[1]。既然

---

[1]　谢晖、陈金钊：《法理学》，高等教育出版社 2005 年版，第 246 页。

权利能力、行为能力和责任能力是衡量一个社会主体（这里的主体是哲学意义上的）是否具有法律主体地位的标准，而且，如果不具备或者不完全具备就应视其为法律关系客体，那么在没有确定一个社会主体是否完全具备这三项能力之前，如何又能称是法律主体的权利能力、行为能力和责任能力呢？如果法律主体与权利能力、行为能力和责任能力是可分的，那么，法律主体又是怎样确定的呢？如果是不可分的，那么法律主体的权利能力、行为能力和责任能力的表述就存在逻辑问题。造成这一逻辑矛盾的根源到底是什么呢？

（二）法律关系主体载体理论的基本内涵

如前文中分析的那样，法律关系主体理论确实遇到了某种理论困境，但这种困境并不是环境法中所讨论的自然、动物和后代人等能否成为法律关系主体等这样的问题所造成的，而是法律关系主体这一概念与实践中具体的自然人、法人及其行为的现象之间发生的某种冲突，以及构成法律关系主体理论的三个概念与法律关系主体这个概念之间的融合出现了问题。为了在传统的法律关系理论内部消解这些问题，本书尝试性地提出了"法律关系主体的载体"这一概念，并在对其进行阐述的基础上形成法律关系的载体理论。

所谓的法律关系主体的载体，又可简称为主体载体，是指法律关系主体所指向的现实中的具体的自然人、法人和其他社会组织。对于主体载体理论的基本内涵，我们可从以下几个方面进行阐述：

首先，最重要的是，我们将自然人（包括法人）与法律主体一分为二，法律主体是一种法律抽象，是一个概念，自然人或社会组织（法人）是一种现实存在，二者之间是对应关系而非等同关系。原则是，法律主体依附于其载体之上并与之一一对应，载体不具备条件或灭失，法律主体无以产生或消亡。这种一一对应关系在特殊情况下可以发生某种错位，如一个人在现居地还活着，但在故居地却被宣告死亡了，法律主体在故居地消失了，但该人——我们要说的法律主体的"载体"依然存在。类似的情况在法人范畴里同样存在，如一个新成立公司的筹建工作已经全部完成，万事俱备，只欠东风——行政部门颁发法人执照，此时此刻，我们说，事实上的法人载体已然存在，但该法人的法律主体人格却"犹抱琵琶半遮面"。这种无可置疑真实存在的错位事实现象，却是对将法律主体与其载体区分开来进行研究的最好注解。

其次，主体载体是法律关系主体在社会生活和实践中的具体承载者，是具体权利的享有者和具体义务的履行者。从这个意义上讲，似乎法律关系主体和主体载体是同一事物。笔者认为，法律关系主体和主体载体在大多数情形下都是一致的，也就是说，主体载体本身就是法律关系的发起者和参加者，就是相应的法律关系主体。

例如，符合法定结婚条件的一对男女李某和王某到民政部门登记结婚，在他们之间形成了婚姻法律关系以及相应的人身和财产法律关系，那么李某和王某就具有法律主体地位，是婚姻法律关系主体，同时二人也是婚姻法律关系主体的具体承载者，即婚姻法律关系主体的载体。一旦这两个载体之一死亡，二人之间的婚姻法律关系便宣告终结，在二人曾经建立的婚姻法律关系中，无论是死亡一方还是未死亡一方，都失去了该婚姻法律关系主体的地位。但不同的是，死亡一方的法律主体地位彻底丧失，而未死亡一方依然享有相应的法律主体地位，可以与他人再次建立婚姻法律关系，再次成为婚姻法律关系主体。由此可见，主体载体是主体产生的基础和依托，主体载体消灭那么该主体载体消灭前所形成的各种法律关系及所享有的法律关系主体地位都随之消灭。而且，绝大多数情况下，某一主体载体的消灭都会影响其他存在的主体载体的法律关系主体地位。

这样一来，实质上便是将法律关系主体从具体的自然人、法人和其他社会组织中抽象剥离出来，避免因具体的自然人、法人和其他社会组织等本书所谓的主体载体特点或属性的不同，而影响到理论上对法律关系主体界定和阐释中出现的问题或困境。例如，前文中的例子，一个差一天就年满14周岁的自然人和一个刚超过14周岁一天的自然人，两人在民法意义上都是自然人，但两个人在刑事法律关系中并非完全具有同等的主体地位，前者不能成为故意杀人罪、故意致人重伤或死亡罪、抢劫罪和强奸罪等刑法规定的八类严重暴力犯罪的主体，即依法不能成为相应的刑事法律关系的主体不承担任何刑事责任，而后者则依法可以成为相应的刑事法律关系的主体，依法承担相应刑事责任。之所以如此，并非二者的法律主体地位出现了问题，而是因为二人在主体载体上存在法律认为的质的差别，即一个已经年满14周岁，而另一个尚未年满14周岁，即使二人的出生时间可能实际上只相差不足一个小时。

再次，全球 70 多亿的自然人，哪些该成为这类性质或类型的法律关系主体，哪些又该成为那些法律关系的主体呢？又该怎样根据不同法律的特点进行选择认定呢？例如，为什么达到法定婚龄才具有结婚的权利能力，才能成为婚姻法律关系主体呢？为什么只有年满 45 周岁的中华人民共和国公民才可以被选为国家主席或副主席呢？我们说，是因为不同的社会关系对所参与主体之载体的属性和特点要求不同，于是法律上设置了诸如权利能力、行为能力和责任能力等制度来进行筛选。这种筛选不是从主体中筛选主体，因为这样从逻辑上讲不通，我们只有在不同的法律对各类社会主体（这里的主体是在哲学意义上使用的）进行筛选前，将其视为法律关系主体的备选者，而将符合条件的候选者作为主体载体，才能更好地区分已经成为各具体的法律关系主体和无法成为该法律关系主体的不同。

主体载体的属性主要是由其生理属性或自然属性决定的。不同的法律根据需要对主体载体的属性进行选择，符合的也即具备相应法律要求的属性的，就有可能成为相应的法律关系的主体，反之，无法成为相应法律关系主体。这可以解释年龄、精神状况、职业身份等属于主体载体的属性何以成为法律主体资格的内容的原因，以及用于解释为何有些罪名一般的主体载体不能成为该罪如贪污罪主体，因为，一般主体载体不具备相应的国家工作人员的职业身份属性。

又次，法律主体载体具有三个基本特征：物质性、法定性和对法律的知了性。物质性是指，每个法律主体的载体都不是抽象的，而是具体的、鲜活的存在于社会生活之中，无论是自然人，还是法人，或者其他社会组织，他们都有着各自相应的社会角色、性格职业、经营范围和喜好等，他们每个人的社会角色都是不可替代的。所谓法定性是指，社会生活是丰富多彩的，生活于其中的各个自然人、法人或其他社会组织都有着各自的特性。哲学上讲，世界上没有两片完全相同的树叶。同样，社会生活中也不存在两个完全相同的人，而正是这些形形色色的人组成了我们的社会，也为法律将其抽象为不同的法律关系主体提供了选择的对象。从法律上看，因为性别、民族、教育、身体健康等原因形成的差别，形成法律据以认定其是否具有或具有什么样的主体资格的条件。对法律的知了性，则是指任何的主体载体都必须具备理解法律的能力和特性，这也就意味着法律主体的载体首先必须具有生命，具有意识和意志，而且具有对法律规定以及自身和他人行为之法律意义的了解。自然人是客观存在的生命体，他们有着自己独立的意志和行为，法人和其他社会组织同样也是客观存在而非虚拟的，即使存在于网络上的一些个体或者组织，也都有着相应的社会原型而非只存在于观念之中。

最后，主体载体理论的提出，并非对传统法律关系主体理论的颠覆，而是一种补充和完善，它有助于传统的法律关系主体理论走出相应的理论困境，同时更好地对一些问题进行回答。例如，主体载体与法律关系主体在绝大多数情况下是不能分割的，这就可以解释前文中提到的宣告死亡的问题。某位自然人在一地被宣告死亡，这表明在该地民众及法院看来，刘某这个人已经不存在于这个社会中，即该主体载体已经灭失，那么其法律主体地位便不复存在。但刘某在另一个地方实际上是存在的，也即该主体载体是存在的，那么他依然享有法律关系主体地位，所实施的各种行为具有相应的法律效力也是应该的。

（三）主体载体理论对环境法律关系主体理论的修正意义

主体载体理论对于法律关系主体理论是一个很好的修正，同理，该理论也适用于环境法律关系主体理论，并对该理论形成很好的修正和完善。不仅如此，通过该理论，我们可以更好地分析自然、动物和后代人等之所以不能成为法律关系主体的原因。

建立在法律关系主体理论基础上的环境法关系主体，同样是建立在根据环境法的特点对各类法律关系主体载体筛选基础上。但是，如果根据传统的法律关系主体理论，环境法律关系主体也包括自然人、法人和其他社会组织，从抽象意义上来讲，这似乎并没有错。但是，由于环境法具有综合性，它包括环境刑事法、环境民事法和环境行政法等具体的法律类型，因此，同样一个具体的自然人可能会因为处于不同性质的环境法律关系中而要受不同的法律规制，即在有的环境法律关系中被认为是主体，而在有的环境法律关系中则被排除在主体范畴之外。如何更好地解决这种理论上的尴尬呢？笔者认为，引入环境法律关系主体载体理论则可以起到消除这种理论尴尬的效果。对于环境法律关系主体载体理论及其重要意义，我们可从这样两个方面来阐述：

一方面，主体载体理论可以缓解环境法律关系的理论尴尬。我们知道，环境法律规范具有综合性的特点，它涵盖了民事的、刑事的、行政的和程序性的等各类法律规范，与之相对应，也会存在各类环境法律关系和环境法律关系主体。前文已述，根据传统法律关系主体理论，确定一个社会主体（这里的主体在哲学意义上使用）能否成为法律关系主体，主要考察三个标准，即权利能力、行为能力和责任能力，但传统理论讲不通的地方或理论尴尬之处在于，这三个标准衡量的对象是什么？传统法律关系主体理论认为是法律关系主体的权利能力、行为能力和责任能力，显然则存在逻辑问题。如果我们不对其进行修正这种逻辑问题和理论尴尬同样会带入环境法律关系主体理论中。

笔者认为，权利能力、行为能力和责任能力或者其他一些相关的标准所考察的不是主体，而是现实生活中各具体的自然人、法人或其他社会组织——载体。并且，对于纯粹的环境法律关系主体而言，确定一个对象能否成为环境法律关系主体，并非一定要完整地考察其权利能力、行为能力和责任能力等，只需要根据具体的环境法律关系的性质，如民事的、刑事的还是行政的等，来选择相应的标准即可，只要主体载体符合相应性质的环境法律关系主体的确定标准，即可将其认定为环境法律关系主体。例如，一个10周岁的小孩在树林里玩火，引发一场大火，造成严重的财产损失和人员伤亡，如何认定该10周岁小孩的环境法律关系主体地位呢？此时，如果我们将其直接作为环境法律关系主体，然后再考察其权利能力、行为能力和责任能力，这种思维是存在逻辑问题的，因为既然已经作为环境法律关系主体来对待了，又何须再依据权利能力、行为能力和责任能力等确定标准来考察呢？但是，如果我们先将这位小孩作为主体载体来对待，然后再根据权利能力、行为能力和责任能力等法律关系主体的判定标准来考察，可以发现，这位10周岁的小孩并不能被认定为具备刑事法律关系主体载体的条件，因而他不具该法律关系主体资格，没有相应的刑事责任能力。但是，这个小孩可以作为民事法律关系如侵权法律关系主体而存在，因为他具有相应的权利能力，虽然是限制民事行为能力的自然人，但他具有相应的环境民事法律关系主体地位，只是其侵权责任的履行者为其监护人。根据这样的思维来认定和思考，则不会出现原来的逻辑问题或理论尴尬。

　　另一方面，主体载体是客观存在的，即他/她/它是实实在在的社会主体（这里的主体在哲学意义上使用），而且主体载体都应该以哲学意义上的主体为基础，都具有相应的理性思维能力或独立意志的表达能力。这样可以更好地用来论证或回答为什么自然、动物和后代人不能成为传统而言的环境法律关系主体，因为它们都不具备主体载体的上述基本属性：物质性或者具有独立的理性思维能力和意志表达能力等。因此，自然、动物和后代人等无法成为各种具体的环境法律关系主体的筛选对象，即它们永远无法主动地发起或者参与到相应的环境法律关系中，无法以自己独立的意志能力或意思表示来行使权利和履行义务，当然，他们更不具备人类法律的理性思维能力。

　　不仅从理论上看，主体载体理论具有其合理性，就是在生活中或者司法实践中也会存在一些相关现象来引证该理论。生活中，我们会经常看到有将法律主体与人相分离的现象。比如，各地的民政部门工作人员，明知有抚恤金的退役军人等已去世，但当其家属或其他亲人仍去领取抚恤金时，一般情况下还是予以发放，过几个月后，方才说明不能再行发放了，因为人在几个月前就已经不在了，家属往往也都就此罢领。从法律上分析，人去世了，载体没了，但法律主体还有。不仅如此，在司法实践中，也有法律主体与人——载体相分离的现象。例如，山东省威海市法院曾裁决一个案件：借租人没上户口的婴儿意外爬到住户院里的井中溺死了，借租人起诉，要求出租户赔偿部分损失。当事人双方都不否认孩子的存在以及孩子落井溺死之事实，但被告方强调，法院也采纳，以孩子没有上户口，无法证明与原告之间的监护关系而判原告败诉。从法律上分析，孩子是人——载体，但因为没上户口，不承认其法律主体人格。即使在法律规定中，我们也发现法律主体与人相分离的现象。如我国《民法通则》第 23 条规定："公民有下列情形之一的，利害关系人可以向人民法院申请宣告他死亡：（一）下落不明满四年的；（二）因意外事故下落不明，从事故发生之日起满二年的。战争期间下落不明的，下落不明的时间从战争结束之日起计算。"第 24 条规定："被宣告死亡的人重新出现或者确知他没有死亡，经本人或者利害关系人申请，人民法院应当撤销对他的死亡宣告。有民事行为能力人在被宣告死亡期间实施的民事法律行为有效。"其他国家的法律中，关于宣告死亡问题，均有类似规定。这个规定也说明，法律主体人格与自然人是可以而且是需要并且能够分离的。

　　总之，尽管主体载体理论的提出目前只是尝试性的，而且对其的论证远远没有到达充分的程度，存在许多可能被批驳之处。但是笔者认为，这一理论概念的提出，对于修正法律关系主体包括环境法律关系主体理论，还是具有一定积极意义的。

第三章　环境法律关系的内容
——环境权及其他

法律关系的内容是法律关系的基本构成要素，是法律关系主体确定各自角色和行为的基本依据。环境法律关系的内容对于环境法律关系的运行同样非常重要，它决定着不同的环境法律关系主体在实施有关环境行为时的界限，因此，研究环境法律关系必须对环境法律关系内容进行认真思考和分析。一般认为，法律关系的内容是权利和义务，由此似乎也可以认为，环境法律关系的内容是环境权利和环境义务，然而我们发现，对于环境权这一概念学界尚存在许多争论，对环境权的基本含义、法律属性等尚未达成较为一致的看法，这也需要做进一步的探讨。并且，本文还认为，环境法律关系的内容除了环境权权利和环境义务之外，还包括环境职权和环境责任。

一、环境法律关系内容的界定与意义

（一）环境法律关系内容的含义与特征

环境法律关系的内容是环境法律关系的一个基本要素，它是环境法律关系主体所要从事何种行为以及如何从事该种行为，在相互之间界定行为规则的具体标准或依据。笔者认为，要想更好地理解和把握环境法律关系内容的含义与特征，应该首先对法律关系内容这一环境法律关系内容的上位概念进行全面而深入的研究和分析。

通常认为，法律关系内容是指法律关系主体所享有的权利和承担的义务，它是整个法律关系的核心问题。当然，也有学者指出："法律关系的内容有两个层次，一是法律关系的法律内容，即法律权利和法律义务；另一个层次是法律关系所具有的社会内容，即实际社会关系。限定在法律这一层面上，将法律权利和法律义务当作法律关系的内容是可行的。"❶ 但不管怎样，在法律关系内容这一问题上，法理学界似乎争论不是很大，即都将权利和义务作为法律关系的内容要素。或许谢晖教授的这一观点代表了学者们的共同认识："权利和义务问题是整个法律和法学的核心问题，了解了权利和义务，等于找到了法律殿堂的心脏部位。一切法律和法学问题，从法律自身之层面上讲，既肇始于权利义务的规范分配，又落实于权利义务的社会实现。"❷

笔者认为，法律关系内容可以从不同的层面来看，就其类型而言，它表现为纳入法律调整范围并经过法律化的裁剪之后的社会关系，而如果从法律关系构成要素或内容的属性来看，它确实主要表现为权利和义务，且后者也是研究法律关系理论或者其他具体的法律关系内容的基本对象。虽然法理学者们对法律关系内容的看法较为一致，然具体到环境法律关系领域，观点则并不十分一致。蔡守秋教授称环境法律关系为环境资源法律关系，他并不认为环境资源法律关系的内容是环境权利和环境义务，而是指环境法律行为，包括作为和不作为，行为和状态，积极性的、合法的和消极性的行为，享受权利的行为和履行义务的行为。并且，他指出，这里所谓的法律行为是指具有法律意义和法律属性即受法律规定和控制的广义的行为，而不是指狭义的合法行为。当然，他同时也说，为了突出权利和义务，也可以将环境资源法律关系的内容视为权利和义务，而权利和义务则表现为法律行为。❸ 曹明德教授则提出了"生态法律关系"这一概念，主张生态法律关系的内容是生态权利和生态义务，以此来替代环境法律关系以及环境权利和环境义务。"所谓生态权利，是指生态法律关系的主体依法享有的某种权能或利益。所谓生态义务，是指生态法律关系的主体所受的法律约束或承担的责任。"❹

从上面列举的两位环境法学者关于环境法律关系的论述来看，两位学者虽然试图对现有的法律关系内容理论进行修正，但从根本上讲，并没有脱离法理学者关于法律关系内容的界定的范畴，权利和义务依

❶ 公丕祥主编：《法理学》，复旦大学出版社2002年版，第454页。
❷ 谢晖、陈金钊：《法理学》，高等教育出版社2005年版，第250页。
❸ 蔡守秋："环境法律关系新论——法理视角的分析"，载《金陵法律评论》（2003年春季卷），第65页。
❹ 曹明德："论生态法律关系"，载《中国法学》2002年第6期，第60页。

然是环境法律关系的核心内容。笔者认为，法律关系内容以权利和义务为其基础性内容，除了权利和义务，还包括职权和责任。由此，环境法律关系的内容同样可以至少从两个层面上阐述，一是就环境法律关系内容的类型来看，它指因法律关系主体的环境行为所涉及或影响的，并被纳入环境法律规范调整范围之内的有关环境社会关系；二是从环境法律关系的构成要素来看，它指以环境权利和环境义务为基础性内容，包括环境职权和环境责任在内的综合性要素。鉴于本书对环境法律关系的研究主要是从其价值和构成要素的层面进行的，因此，本书所要研究的环境法律关系内容主要指环境权利、环境义务、环境职权和环境责任这样四个概念所组成的内容体系，而这四个概念又具体形成了环境权利与环境义务、环境义务与环境责任、环境职权与环境责任这样三组关系范畴。

（二）环境法律关系内容的意义

明确环境法律关系内容，对于环境法律关系的研究和运行而言非常重要。对于环境法律关系内容的意义，我们可从以下两个方面来阐述：

一方面，权利和义务是法律关系的核心，全部法律关系几乎都是围绕着权利和义务这一核心关系展开的。环境法律关系也不例外，它同样要以环境权利和环境义务这对基本的关系范畴为主展开。可以说，环境法律关系的运行实际上主要是环境权利和环境义务运作或发生实效的过程。在绝大多数情况下，环境法律关系主体通过法律关系来享受权利，承担义务，而环境法律关系客体也同样指向环境法律关系内容，是环境法律关系客体运行的基本依据和根本内容。如果没有对环境权利的追求或环境义务的承担，或者对环境职权的行使或环境责任的承担，那么设定环境法律关系对于环境法律关系主体而言就毫无必要，对于环境法律关系客体而言也就毫无意义。因为，没有环境法律关系内容，环境法律关系主体与环境法律关系客体之间就失去了关联，从而也就从根本上失去了环境法律关系运行的动力。

另一方面，法律关系是基于法律规范的介入和调整而被剪裁过的社会关系，这种社会关系虽然以权利和义务为其核心内容，但权利和义务并不能完全涵盖各类社会关系的内容属性，权利和义务这对关系范畴虽然既表现在公法领域也表现在私法领域，给人的直觉似乎是私法属性更为浓重一些。因此，本书将环境权利和环境义务作为环境法律关系内容的基础性部分或将二者称为环境法律关系的基础性内容，除了环境权利和环境义务之外，环境法律关系内容还包括环境职权和环境责任。作为国家及其公权力行使者的各公法人所享有的职权，而职权又是与责任相对应的概念，即有职权或权力，必然要伴随责任。环境责任除了与环境职权形成一对关系范畴外，还与环境义务形成另一对关系范畴，即环境法律关系主体要承担一些特定的环境义务，而且这些环境义务属于单方的，如果不履行有关环境义务或者违反了这些环境义务的要求，就要承担相应的环境责任。这样一来，我们将环境法律关系内容确定为这样三对具体的关系范畴：环境权利与环境义务、环境义务与环境责任，以及环境职权与环境责任，可以更全面地涵盖不同法律部门的法律关系的属性或特点，从而使环境法律关系理论具有更强的适应力和包容性。这也为我们更好地认识环境法律关系主体之间的关系，以及环境法律关系客体在不同情形下的具体内容提供了指南。

二、环境法律关系基础性内容之环境权

（一）环境权的研究及其面临的困境

1. 环境权研究的兴起及其代表性观点

自 20 世纪 60 年代以来，学者们基于对生态环境的恶化及人类生存问题的忧虑，开始对环境权进行研究，尽管从研究历史来看，环境权的研究并不算长，但是相关的成果却比较丰硕。在国际上，对环境权的研究始于 20 世纪 60 年代初，当时在美国展开了一场举世瞩目的大讨论，即公民要求保护环境，要求在良好的环境中生活的法律依据是什么？美国密执安大学教授约瑟夫·萨克斯的环境"公共财产论"和"公共委托论"一经提出，便在法学界引起极大的关注，有关环境权的观点也被纷纷提出。约瑟夫·萨克斯认为，每一个公民都有在良好的环境下生活的权利，公民的环境权是公民最基本的权利之一，应该在法律上得到确认并受到法律的保护。[1] 进入 20 世纪 90 年代以来，英国学者简·汉考克以人权哲学为基础，从生态多样性的视角，以生

---

[1] 程正康：《环境法概要》，光明日报出版社 1986 年版，第 43 页。

态理性为起点，论证了环境人权，并认为环境人权包括两项内容，即拥有免遭有毒污染环境的人权和拥有自然资源的人权。❶ 此外，日本、德国和我国台湾地区等大陆法系的国家和地区的有关学者也对环境权问题给予了极大的关注，并取得了相应的研究成果。

　　相比较而言，我国大陆地区的学者对环境权问题的关注和研究则较晚。直到 20 世纪 80 年代初，才有学者开始进行环境权的研究。1982 年第 3 期《中国社会科学》发表了蔡守秋先生的《环境权初探》一文，标志着中国法学界开始真正关注并系统地研究环境权理论。蔡教授认为，我国 1979 年《环境保护法》第 2 条规定的"为人民造成清洁适宜的生活和劳动环境"，可以解释为国家承认"人民享有清洁适宜的环境的权利"。也就是说，我国法律中已经暗示了人民享有环境权。于是他明确地指出："目前的问题，不是要不要在我国法律上规定环境权的问题，而是如何进一步修改、充实、明确和突出环境权的问题……从法律上突出和充实环境权，是搞好我国环境保护工作的重要保证。"不仅如此，他在文中还尖锐地指出了我国回避环境权问题的根源："我们有些同志习惯于搞愚民政策，起初是不愿意承认社会主义中国有环境污染问题，后来污染严重得捂不住了就轻描淡写遮盖过去，从不敢赋予群众环境权，害怕群众有了环境权就会提出不适当的要求，这是我国环保工作落后的一个重要原因。"❷ 很显然，蔡先生在当时提出的这些看法非常到位，而这些论述也开启了我国法学界环境权理论研究的先河。到 20 世纪 90 年代，特别是中后期，随着环境法学的兴起，环境权研究在环境法学界掀起了一股研究的热潮。学者们纷纷围绕公民的环境权问题展开了热烈的讨论。其中，大多数学者都认为环境权是一项基本人权，并进一步探讨了环境权的内容及其救济问题，由此也形成了对环境权理论较为完整的研究。

　　笔者认为，环境权的提出及其研究的兴起并不是偶然的兴趣所致，而是有着复杂而深刻的原因。对此，我们可从客观和主观两个层面进行分析。

　　客观原因方面，人为因素造成的环境问题的大量出现以及自然资

---

❶ ［英］简·汉考克：《环境人权：权力、伦理与法律》，李隼译，重庆出版社 2007 年版，第 2～7 页。

❷ 蔡守秋："环境权初探"，载《中国社会科学》1982 年第 3 期，第 37～38 页。

源的严重破坏，使人们开始深层次地思考环境问题所产生的根源及解决办法。环境问题的出现不是一朝一夕的事情，从更实际的意义上说，环境问题表现出现实性，主要还是当经济发展到一定程度、环境破坏到了质变的今天才被人们正视急需解决的问题。主观方面，随着经济社会的发展，人们的物质生活水平不断提高的同时，也开始更多地关注生活于其中的周边环境，对良好适宜的生活环境的要求也越来越高。对此，张震分析指出："环境权的提出生动体现了这一原理。当人类的经济生活极端贫困时，首先考虑的是如何发展经济，解决穿衣吃饭的问题；但是当经济发展到一定程度，人类就需要更高质量的生活，而良好的环境是更高质量生活的前提，于是环境权被人们当作一种权利提出来。"❶

人们观念的变化是环境权提出及研究兴起的一个重要的主观原因。人类在成了自然的主宰者之后，为了自身的利益和需求，无视自然规律和自然利益，大限度地从大自然索取，给生态环境带来了严重的破坏。最终，人类不得不一次又一次地遭受自然的报复。在一次次的惨痛教训之后，人类开始重新思考和定位人与自然的关系，对自然界的那种过于自信的观念也在悄然改变，最终意识到了人与自然实际上是一种共生和谐的关系。正如有一位印第安族的族长在给当时美国总统富兰克林的一封信中写道的那样："我们认为，不是地球属于人类，而是人类属于地球。……地球和她的子民血脉相通，同呼吸，共命运。人类并非生命之网的编织者，他只是生命之网中的一根丝。人类在这个网中的一举一动都将作用于他自身。"❷ 而被称为生态伦理学之父的美国著名环境保护主义者奥尔多·列奥鲍德则从生态学的角度认为，人类的第一代伦理规范调整的是人与人之间的关系；第二代伦理规范调整的是人与社会的关系；第三代伦理规范应是调整人与生态自然的关系，亦即将人与社会的关系中社会的概念范围扩大到土壤、水体、植物、动物或者它们的集合体的伦理规范。❸ 受到这些观念转变的影

---

❶ 张震：《作为基本权利的环境权研究》，法律出版社 2010 年版，第 30 页。

❷ 转引自［美］爱迪丝·布朗·魏伊丝：《公平地对待未来人类》，汪劲等译，法律出版社 2000 年版，第 16 页。

❸ 转引自陈泉生、张梓太：《宪法与行政法的生态化》，法律出版社 2001 年版，第 65~66 页。

响，人类最终提出可持续发展理念，这标志着人类的生存观和发展观发生了根本性的变化，这为环境权的提出提供了坚实的思想基础。这一转变同样出现在 1949 年之后的新中国，尤其是改革开放以来。环境权的提出正是在对我国长期无视环境的破坏和人的环境舒适，奉行粗放式发展模式的反思背景之下，是在经受了一次又一次的环境伤害之后所作出的法学转变。

2. 有关环境权含义的几个代表性论述

在我国学者关于环境权的研究、争论和探讨中，学者们围绕环境权的基本问题逐渐形成了一些颇具代表性的观点和理论。下面，本书就择取其中几个比较有代表性的学者关于环境权的论述加以介绍，以此来加深我们对环境权的内涵、特点和功能等基本问题的理解和把握。

首先要提到的自然是最早研究环境权问题的蔡守秋教授。对于环境权这一概念的基本含义，蔡教授在其《环境政策法律问题研究》一书中曾系统地作出了界定，他认为，环境权是环境法律关系主体就其赖以生存、发展的环境所享有的基本权利和承担的基本义务，即"环境法律关系主体有合理享用适宜环境的权利，也有合理保护适宜环境的义务"，简单地说就是"环境法律关系主体有享用环境的权利，也有保护环境的义务"❶。可见，在蔡守秋教授看来，环境权是基本环境法律权利和基本环境法律义务的统一。蔡教授进一步认为，环境权是环境法的核心问题，是环境社会关系的反映和法定化，是自然权利和环境道德的法定化。作为一种法律权利，环境权具有法律权利的共性和环境法律权利的特征；在将环境权理解为人的权利的基础上，进一步将环境权理解为人与自然或环境的共同权利，不失为环境权理论的一个特色。❷他主张的环境权包括个人环境权、单位环境权和国家环境权三部分，同时也借鉴了人类环境权和自然体环境权学说的合理成分，如他认为，人类环境权是环境公平或环境正义原则的产物。

吕忠梅教授对与环境权的研究着重于强调环境权的私法化。她的代表作《环境法新视野》第三章第三节专门讨论了公民环境权的私法化问题。吕教授认为，如果不实现公民环境权的私法化，则"仍然无

---

❶　蔡守秋：《环境政策法律问题研究》，武汉大学出版社 1999 年版，第 82 页。
❷　蔡守秋：《环境政策法律问题研究》，武汉大学出版社 1999 年版，第 92 页。

法解决公民在传统民法原则下不得对于己无关的财产主张权利的问题，公民的环境权益损害仍然无法得到救济"。因此，"只有在将环境权确立为一项宪法权利的同时，肯定它的私权性质，使其能够得到民法和民事诉讼程序的保护，才能起到保护环境的作用"❶。她认为，公民环境权的私权化，是其本质属性所决定的。"一方面它直接进入私法系统，通过限制传统民法上的绝对所有权，实现法律的价值平衡；另一方面，它要通过特别法的形式，确立对环境权的不法侵害标准和救济措施，实现对环境权的实体保护，实现环境权的多元价值。事实上，公民权的确立与传统民法的拓展直接相关，仅此而言，既不能否认环境权的私权性质，也不能将其混同为一般的民事权利。"❷ 正因在私权意义上使用环境权，所以吕忠梅教授的环境权实际上也是公民环境权，她是这样定义环境权的，"公民享有的在不被污染和破坏的环境中生存及利用环境资源的权利"。这种权利包括四个方面的含义：权利主体包括当代人和后代人；权利对象包括人类环境整体，既包括天然环境要素和人为环境，又包括各环境要素所构成的环境系统的功能和效应；环境权是一项概括性权利，可以通过列举而具体化；其权利与义务是相对应的。❸

徐祥民教授认为，人类的环境是不可分的，这种环境所带来的利益也是不可分的。人类的环境权是指向这种不可分的环境利益的，这种人权是关于人类的整体环境的权利。权利客体的不可分割的特性决定了权利的永恒的共同性，即人类"作为一个整体"共同享有的权利。环境权是属于全人类的，这种权利的内容是自得的。所谓自得就是自己满足自己的需要，而不是等待其他主体来提供方便，也需要排除来自其他主体的妨碍。环境权作为一种自得权，它的实现只能靠自己。总之，环境权是一种自得权，它产生于环境危机时代，是以自负义务的履行为实现手段的保护和维护适宜人类生存繁衍的自然环境的人类权利。❹

---

❶ 吕忠梅：《环境法新视野》，中国政法大学出版社 2000 年版，第 133 页。
❷ 吕忠梅：《环境法新视野》，中国政法大学出版社 2000 年版，第 134 页。
❸ 吕忠梅："论公民环境权"，载《法学研究》1995 年第 6 期，第 62 页。
❹ 徐祥民："环境权论——从人权发展的历史分期谈起"，载《2003 年中国环境资源法学研讨会中国海洋大学法学院论文集》。

陈泉生教授认为，环境权是伴随着环境危机而产生的权利概念，是环境时代的人权之一。由于传统民事权利的设计有所欠缺，传统侵权法的制定先天不足，以及传统宪法基本权利的设定有所不足，已经无法适应环境时代的需要，而对其改造，又恐破坏其原有体系的严谨，使受其保护的那些权利得不到妥善保护，因此，必须突破传统法律的藩篱，另辟蹊径，创设环境权以全面协调人类与环境的关系。❶ 至于该如何定义"环境权"这一概念，陈泉生教授提出了三点考虑：第一，作为环境权的保护范围，除了人人均享有适宜健康环境的基本权利外，还享有在良好环境里生活的基本权利，如对具有特殊美学价值的享受；第二，根据环境保护具有广泛性的特征，享有环境权的不只是公民，还有法人及其他组织、国际乃至全人类，包括当代人也包括后代人；第三，人类文明社会的进步始终离不开经济的发展，但人类社会的持续发展又是以环境资源为前提条件的，因此，有必要对二者的关系进行协调，把人类对环境资源的开发利用限制在其承载力以内，从而达到人与自然的和谐。综合这些考虑，陈泉生教授给出了环境权的定义："环境权的概念应为：环境法律关系的主体享有适宜健康和良好生活环境，以及合理利用环境资源的基本权利。其中健康和良好生活环境的标准可以通过环境质量标准或污染物排放标准来衡量，而合理利用环境资源的尺度则可以通过对申报许可证和环境影响评价的审查来把握，并由此界定环境权的法律保护范围为：所有环境法律关系的主体均享有在不受一定程度污染和破坏的环境里生存和在一定程度上利用环境资源的权利。"❷

通过以上对我国环境法学界几位著名学者关于环境权的论述，我们可以更为清晰地了解环境权的含义。当然，与学者们在论述环境权时有着不同的见解一样，本书对其中的一些观点同样有着不同的看法，如环境权的主体问题、环境权的属性问题，以及环境权的内容问题等。为了更深入地了解环境权的含义及相关理论，笔者接下来对学者们围

❶ 陈泉生："环境权之辨析"，载《中国法学》1997年第2期，第61~63页；陈泉生："环境时代与宪法环境权的创设"，载《福州大学学报》（哲学社会科学版）2001年第4期，第16~18页。
❷ 陈泉生著：《环境法原理》，法律出版社1997年版，第105~106页；陈泉生：《宪法与行政法的生态化》，法律出版社2001年版，第113页。

绕着环境权的一些基本理论问题所展开的争论进行梳理，从中发现环境权理论所面临的困境以及可能的出路，从而帮助我们更好地理解环境权这一概念的含义及其在环境法律关系中的意义。

3. 环境权面临的理论困境及分析

就国内关于环境权的研究而言，虽然学者们参与研究的热情非常高，也形成了一大批研究论文和著作，但对环境权的一些基本理论问题，如环境权的定义、环境权的主体范围、环境权的内容，甚至环境的概念等，学界仍存在很多争论，尚未形成较为统一的观点，这也是环境权在研究过程中所面临的而且也是必须予以妥善解决的理论困境，否则将会大大影响环境权理论的理论价值和实践效果的发挥。对于环境权所面临的理论困境，我们可从以下几个方面来认识：

一是关于环境权之环境的概念问题。对于环境权定义的研究，前文中已经对学界几个代表性的观点做了介绍，尽管其中存在一些争议，但在环境权是公民享有的一项基本权利这一点上学者们已经达成了共识。对于环境权的含义的分析，在后面的有关部分中还会涉及，所以，在此先不探讨有关环境权概念含义的争论和理论困境，而是聚焦关注有关环境权之环境的概念问题。

环境概念的确定对于环境权的理论研究非常重要。如果环境的概念不确定，将导致环境权的子权利体系无法建立。虽然我国《环境保护法》所采用的环境概念主要是环境科学中的环境概念，即是以人类为主体的外部世界，是人类生存、繁衍所必需的、相适应的环境或物质条件的综合体，它一般被分为自然环境和人工环境两种。❶ 但是，环境科学对环境的研究只受科学技术条件的限制，而在环境法中哪些环境要素在多大范围内受到保护以及主体享有哪些权利，还受到人的认识、法学理论研究水平和社会物质生活条件的制约。因此，周训芳教授指出："环境概念的选择，直接关系到环境法的价值取向与环境立法的前景。国内学术界在环境概念问题上达成的共识，推进了环境法学理论的研究，并促进了环境立法。但是，学术界在环境概念选择上也存有分歧，影响和制约着环境法体系的构建。"❷ 虽然环境概念的

---

❶ 李玉文：《环境科学概念》，经济科学出版社 1999 年版，第 1 页。

❷ 周训芳："环境概念与环境法对环境概念的选择"，载《安徽工业大学学报》（社会科学版）2002 年第 5 期，第 11 页。

选择会直接影响到环境权理论的研究，但笔者认为，相比较而言，这一问题对环境法当下的研究的影响并非十分严重，毕竟学者们在这一问题上已经达成了相当的共识。

二是关于环境权的主体范围问题。权利的主体问题向来是研究权利必须首先明确的问题，环境权的研究也不例外。但是，环境权的主体范围到底应该包括哪些，这一问题似乎并没有一个非常明确的共识。有的学者认为，环境权主体只有公民，有的则主张环境权的主体是人类整体，而有的又主张环境权主体包括公民、国家和社会组织等。其中，主张公民、国家、社会组织和人类等都为环境权主体的学者较多。至于其理由，陈泉生教授认为，环境保护具有广泛性的特征，享有环境权的不仅有公民，还有法人及其他组织、国家乃至全人类。也就是说，无论是公民和法人及其他组织，还是国家乃至全人类均拥有享用环境的权利。同时，由于人类只有一个地球，地球上的环境资源既属于当代人也属于后代人。当代人的发展不能建立在剥夺和削弱后代人持续发展的基础上，要给子孙后代以公平、持续、共同生存发展的机会；否则，人类社会将无法得以永续发展。由此可见，环境权的主体还应该包括后代人。❶

笔者认为，国内学者在界定环境权主体范围时受国际法文献影响较大，而对环境权主体理论缺乏严谨和深入的分析。对于国际法文献关于环境法主体的确定，有学者评论道："国际法文献中所宣示的人类环境权、人民环境权、未来人环境权等，似乎更像一种道德宣示和社会理想，而无法落实到各国的具体的现实的法律制度中。"❷ 的确如此，环境权主体范围的确定不应仅立足于道德宣示，更应关注制度设计，如果只是在形式上宣示了一种大而无当、主体含混的环境权，那么这种环境权将会因缺乏可操作性而很难在实践中得到实现，而这也是环境权理论研究中最容易忽视的一个理论问题。

三是关于环境权的内容问题。对于环境权的理论困境而言，与环境权主体范围同样难以确定的恐怕就是环境权的内容范围了。自从环境权提出后，法学研究者们就从不同的角度研究环境权，形成了不同

❶ 陈泉生："环境权之辨析"，载《科技与法律》1994年第3期。
❷ 周训芳：《环境权论》，法律出版社2003年版，第9页。

法律意义上的环境权概念，如环境法上的环境权、行政法上的环境权、民法上的环境权、宪法上的环境权以及程序性环境权等。那么，环境权究竟是一种怎样性质的权利，它的内容又该包括哪些呢？显然，当前学界关于环境权内容的研究并没有真正解决这个问题，环境权内容仍然具有模糊性。当然，如果抛开具体领域的环境权而对环境权的内容作一个总括性的界定，一般认为，环境权内容包括人人有在健康适宜的环境中生活以及合理利用自然资源的权利两个方面。那么，何为健康适宜，与社会经济发展程度和科学技术水平密切相关。个人能够享有怎样的环境，以及多大程度上享有这些权利，同样也是无法精确得知的。

四是关于环境权的客体问题。环境权客体在环境权理论中同样占据重要地位。明确环境权的客体是克服环境权被诟病为模糊不清的权利的关键，而客体的不清晰也是目前我国环境权理论研究遭遇困境的重要原因之一。对于环境权的客体，学者们也是莫衷一是，以致环境权客体成为一个框，里面装满了许许多多的东西，诸如环境、环境要素、生态利益、尊严、健康和福利等。

除了上述四个方面的理论困境外，有关环境权的分类、环境权的特征，以及环境权的可操作性等问题，同样存在着理论上的争论。或许我们可以说，除了环境权之外，似乎还没有任何一项权利引起这么多的争论，具有这么多的不确定性因素。对于该怎样克服或走出上述环境权研究所面临的困境或者环境权理论自身的困境，学者们也开始进行思考并提出了一些建议。例如，周训芳教授认为，环境权理论困境的出路在于厘清环境权关系中的两类人与自然的关系。具体而言，人与自然的关系可以划分为自然存在意义上的人与自然的关系和法律意义上的人类社会与自然界的关系。这两类关系体现在当代的环境法中就是环境权关系。从法律意义上来看，环境权体现为一种公民与国家之间的权利义务关系，即公民的环境权和国家的环境职责。环境权关系即公民的环境权利和国家的环境义务，已经完全不同于法学界过去惯常所宣称的权利义务的一致性和对等性，而体现为一种鲜明的权利义务的错位和不对等性，即享有权利的权利人无法通过自己的努力和无法利用现有的法律程序获得和维护自己的环境权，必须依靠国家自觉积极的义务行为以及国家制定特殊的法律规则才能实现其权利。

周教授乐观地指出，如果权利义务错位的法律关系能得以确立，既可以解决当代人的环境权无法落实的问题，也可以解决未来世代的环境权无法落实的问题，从而就解决了环境权理论研究中长期存在的权利主体的权利含糊和义务主体不明确的问题。❶

对于这一主张，笔者认为，尽管其中不乏积极思考，但总的来讲，这一方案过于理想化，公民与国家在环境权这一问题上的关系远比单纯的权利义务错位复杂得多。国家并非一个单一的实体，我们不能将环境权实现的希望完全寄托在这样一个拟制的实体之上，不仅是因为国家的问题，而且那样很有可能让人们忽略了本应该由他们自己承担的环境义务。并且，环境权理论是一个完整的理论系统，我们需要对其进行系统的剖析，对环境权理论所面临的困境进行系统性的解决。为此，笔者建议，将环境权置于环境法律关系之中来考察和研究，或许我们能够得到，一个对问题进行系统而有效解决的答案。

（二）作为环境法律关系基础性内容的环境权

笔者坚持这样一个基本立场：任何记载于纸面的权利都是静态的，而要将这些美好的、诱人的权利变成现实或者运转起来，使其真正造福于每一个法律关系主体，则需要通过法律关系来实现。无论环境权是怎样的一项权利，以及它包括哪些具体的权利内容，既然已经将其公认为一种公民所享有的基本权利，那么就应该能够通过相应的环境法律关系来实现。当然，环境权的主体并非仅指或者仅包括公民，它应该与环境法律关系主体具有相同的范畴。

权利是法律关系内容的核心之一，环境权也是环境法律关系的核心内容之一，它与环境义务一道共同组成了环境法律关系的基础性内容。对于环境法律关系逻辑框架中的环境权，笔者这样来定义：它是环境法律关系主体所享有的并受到环境行为影响的环境人身权和环境财产权的总称。对此，可以从以下几个方面进行阐述：

第一，环境权的主体与环境法律关系的主体具有一致性，这一点不难理解。环境权从提出到进入各类规范性法律文件，使其从口号性呼吁转化为制度性权利。我们知道，权利必然依托于主体，既是主体满足或实现其某种需要或利益的凭据，也需要借助于主体的行为产生

---

❶　周训芳：《环境权论》，法律出版社 2003 年版，第 12～14 页。

实效。因此，权利与主体密不可分。而且，记载于或宣示于纸面上的环境权要通过环境法律关系的运作才能得到真正的落实，从这个意义上讲，我们无法将环境权主体与环境法律关系主体视为两个不同的主体范畴，也无法想象二者之间会存在怎样的差别。如果环境权主体的范围大于环境法律关系主体的范围，那就意味着有的被宣称为享有环境权的主体难以实现自己的权利，也意味着有关制度性文件或者制定时所依据的理论有问题，或者制度性文件本身具有欺骗性。如果环境权主体的范围小于环境法律关系主体的范围，那说明有关制度性文件存在瑕疵，未能科学而全面地把握住环境权相关理论，尤其是未能充分把握环境权实践或运行的有关理论，从而导致在制定有关制度性文件时出现了偏差。

在前文中，笔者曾主张环境法律关系主体包括自然人、法人（包括公法人和私法人）、其他社会组织以及人类整体。因此，环境权的主体也应该包括自然人、公法人（主要指国家及相应的国家机关）、私法人、其他社会组织以及作为整体的人类。但要注意的是，环境权的主体包括以上几种类型，并不意味着各主体在环境法律关系中的地位或者角色是完全相同的，换言之，不同的权利主体可以存在于不同的环境法律关系中，作为不同的环境法律关系主体而存在并享有不同的权利内容。

自然人、法人和其他社会组织作为最常见的民事主体，也是环境权和环境法律关系最重要的主体，尤其是自然人或者公民，更是环境利益的直接承接者，环境的改变与他们的生产和生活乃至生存密切相关。正因为如此，才有学者主张环境权的主体只能是公民。例如，吕忠梅教授在其 1995 年发表的《论公民环境权》一文中指出："本文所称公民环境权与环境权系同一概念，即环境权仅指公民环境权，不包括所谓的'法人环境权'与'国家环境权'。"❶ 对于吕忠梅教授如此强调公民环境权的重要性，笔者表示理解，但法人和其他社会组织作为自然人的特定组合，同样可以享有相应的环境权，尽管这些环境权的内容可以视为组织内的自然人环境权的延伸或者群体环境权。自然人的特定组合尤其是私法人和其他社会组织毕竟不等同于作为个体的

---

❶ 吕忠梅："论公民环境权"，载《法学研究》1995 年第 2 期。

自然人，不同于单纯的特定群体的自然人，他们有着组织性的需求和利益，包括基于环境的需求和利益，因此有必要也应该赋予其相应的环境权，使其成为环境权主体。

如果说自然人、法人（这里主要指的是私法人）和其他社会组织是环境权的直接享有者或环境权的直接主体，那么作为公法人的国家和有关国家机关则更多是以间接形式存在的，或者说是环境权的间接享有者。之所以如此定位国家和有关国家机关的环境权主体地位，是因为笔者接受环境公共信托理论，认为国家和有关国家机关是基于公民、私法人和其他社会组织的委托而享有和行使环境权的，国家作为公民或社会的"代理人"并不真正享有自己特定的或独特的环境权。笔者赞同美国密歇根大学萨克斯教授提出的"环境公共信托论"，即空气、水、阳光等人类生活所必需的环境要素，当受到严重污染和破坏以致威胁到人类正常生活的情况下，不应再被视为"自有财产"而仅仅作为所有权客体，环境资源究其自然属性和对人类社会的极端重要性来说，它应该是全体国民的"公共财产"——环境财产，任何人不能单独对其进行占有、支配和损害。为了合理支配和保护这种"共有财产"，共有人委托国家来管理。国家对环境的管理是受共有人的委托行使管理权的，因而不能滥用委托权。❶ 笔者认为，这一理论可以为我们主张国家和国家有关机关成为环境权主体提供相应的理论支撑。当然，在国际环境法领域，国家环境权的提法和存在也是有意义的，这也说明国家是可以成为环境权主体的。

虽然也有部分学者主张人类作为整体可以享有环境权，但在论证理由上学者们有着不同的见解。例如，徐祥民教授认为，"人类环境权中的人类是集合概念，这种意义上的人类所享有的权利并不必然地落实在作为人类的分子的自然人身上……人类环境权不能靠公民主张权利来实现，对各种主体普遍设定义务是实现这种权利的唯一的出路。"❷ 陈泉生教授则认为，人类环境权是指权人类共同拥有享受和利用环境资源的权利，包括平等享用共有财产权、共同继承共有遗产权、与后代人共享环境资源权、与其他生命物种种群共同拥有地球。人类

---

❶　吴卫星：《环境权研究——公法学的视角》，法律出版社 2007 年版，第 50 页。

❷　徐祥民："对'公民环境权'投反对票"，载《2003 年中国环境资源法学研讨会中国海洋大学法学院论文集》。

环境权的主体包括国家、国际组织、公民、法人及其他组织。"人类环境权是一项超越国界，需要通过国际合作来加以解决，从而具有'连带'特征的环境权。"❶ 关于人类作为环境权主体的问题，看法和论述多有不同，笔者还是赞同人类环境权这个概念，以及人类整体可以成为环境权主体这一提法，理由在于，人类整体可以作为环境权主体载体而存在。后代人却不能作为环境权主体，正如后代人不能成为环境法律关系主体一样，它不是一个客观的和现实的存在。所谓后代人的环境权，实际上就是当代人对人类整体所以承担的一项环境义务，从这个意义上讲，人类整体可以是环境权的主体，而后代人则不能。

第二，环境权受环境行为的影响，具体而言，环境权的实现要借助有关主体的环境行为，包括单方行为、双方行为和多方行为。不仅如此，环境权也受到环境行为积极的或消极的影响。明确环境权的实现主要取决于哪些因素或者主要应该通过怎样的途径来实现，是一个关系环境权存亡的问题。许多学者在研习环境权理论时，经常会产生这样的困惑：为什么环境权是一种被认为是人人不可缺少的权利，且世界各国的法律中都或多或少地以明示的或者间接的方式规定了环境权，但在各国的法律实践中却又普遍地缺乏可操作性且引不起法官的普遍兴趣呢？对此，周训芳教授分析了其中的原因，他认为，导致环境权难以操作的责任不能完全归结到政府身上，学者的理论研究所选择的方法和路径是导致环境权缺乏可操作性的重要原因之一。许多学者从自己所熟悉的某一特定学科背景出发，来解释、研究和发展环境权，导致了许多尴尬理论的出现。例如，伦理学者从道德关怀的立场出发，将伦理道德上的权利法律化，甚至主张动物和自然体也可以享有法律上的人类权利；还有的学者离开人类目前已经进入高度民主、法治社会这一特定的时代现实，异想天开地把人类中的弱智者、不会说话的婴儿、古代法上作为"会说话的工具"的奴隶、近代社会受到歧视的妇女和黑人，动物中的灵长者进行类比，得出动物完全可以在法律上与人类平等的结论。这些理论虽然在出发点上多数是善良的，但理论本身存在很大问题。此外，学者们在环境权研究中的乌托邦倾

---

❶　陈泉生："环境时代与宪法环境权的创设"，载《福州大学学报》（哲学社会科学版）2001 年第 4 期。

向和巫师化倾向，是环境权难以操作的另一个重要原因，也即许多学者提出的人与自然的关系过于理想，远离现实世界和现有的理论框架，难以被人们广为理解和接受。[1]

这里之所以提到环境权的可操作性问题，是因为笔者认为环境权的实现需要借助相应的环境行为，而意识不到这一点，过于脱离现有的理论框架和社会现实，将会使环境权变成空中楼阁，难以落实。环境行为影响和决定着环境权的实现及其实现方式或程度，环境行为既包括自然人和私法人等环境权主体之间的与实现权利相关的行为，也包括国家或有关国家机关的环境管理行为，还包括自然人和法人等履行对人类整体环境权的单方义务行为。总之，环境行为对于环境权而言非常重要。有关环境行为的特点和具体内容等理论，将在环境法律关系客体的有关研究中进行详细的分析。

第三，环境权的内容包括环境人身权和环境财产权。从某种意义上讲，环境法与民法的关系更为紧密或者说环境法是建立在民法基础之上的，这也是为什么许多学者主张环境权私法化的基本原因所在。与自然人、法人和其他社会组织等基本的民事主体所享有的权利内容一样，环境权主体所享有的环境权内容也可以分为两个基本的大类：环境人身权和环境财产权。所谓环境人身权是指环境权主体所享有的与环境有关的人身权利，而环境财产权则是指环境权主体所享有的与环境有关的财产性权利。当然，对于环境人身权和环境财产权的理解不应属限于民法有关人身权和财产权的规定的视角，还应将其置于宪法的视野中或将其作为公民所应享有的基本的人权内容。这样一来，环境权就可以更好地通过各种形式或属性的环境法律关系来得以实现。

当然，对于环境权的内容，除了环境人身权和环境财产权外，笔者曾提出过环境知识产权这一概念，并曾专门撰文予以探讨。笔者认为，环境知识产权是以世界遗产、国家遗产为代表的，有一定组织、标准、程序遴选，对世界各个国家、地区有着特殊历史文化或民族精神意义，并经过人们物质或思想加工的，反映人类文化共性及文化多样性的，传统知识产权范围以外的，属于公共知识产权范围中的智力

---

[1]　周训芳：《环境权论》，法律出版社 2003 年版，第 118～121 页。

成果的其中之一部分的特殊财产权。❶ 不过现在看来，环境知识产权与环境人身权和环境债权并不冲突，因为，知识产权本身就具有人身和财产双重属性，从广义上可以将其划入环境财产权的范畴而不必单独提及环境知识产权，因此笔者所认为的环境权包括环境人身权和环境财产权的观点与之前所探讨的环境知识产权并不冲突。

三、环境法律关系的基础性内容之环境义务

（一）环境权利与环境义务的关系

权利和义务一向都是被放在一起研究，从最一般的意义上讲，权利和义务是对应的——包括规则上的对应、主体行为中的对应以及法律关系中的对应等，但从其分工而言，权利是义务的目的，而义务是实现权利的手段，缺少任何一个方面，两者就都失去了存在的必要性。这是法理学界对权利和义务关系的一种最基本的定位。鉴于二者的重要性，权利和义务往往被视为整个法律的一对基础性范畴，是法律关系的核心内容。当然，在此我们首先要区分的一个问题是，作为法律一对基础性范畴的法律权利和法律义务，与作为法律关系核心内容的权利和义务，二者并不完全等同。环境权利和环境义务是权利与义务的具体表现形式之一，这对关系范畴是环境法律关系的基础性内容，但环境法律关系中的环境权利和环境义务有着不同于一般法律关系中权利和义务关系的特点，需要我们结合环境法及环境法律关系的特点来具体进行把握。在环境法律关系中，环境权利和环境义务的关系可从如下两个方面来表述：

一方面，环境法律关系中环境权利和环境义务相互依存。环境权利与环境义务是对应存在的，任何环境法律关系中，只要存在环境权利，便存在相应的环境义务，或者说总有相应的环境义务作为保证，同样，任何环境义务也总是针对相应的环境权利。环境权利和环境义务的这种关系也表明，在同一环境法律关系中，环境权主体和环境义务主体存在对应性，即环境权主体的环境权利是环境义务主体的义务。在一般的法律关系中，我们可以说法律关系主体之间的权利和义务是

---

❶ 张景明："环境知识产权与环境债权问题初探"，载《东岳论丛》2009 年第 11 期，第 173 页。

相对应的，同时均享有权利和承担义务，而在环境法律关系中则不尽然。环境权利主要包括环境人身权和环境财产权，其中环境财产权又包括环境物权和环境债权。在这些类型的权利中，环境人身权和环境物权都是绝对权或对世权。从表面上来看，环境人身权和环境物权的主体是绝对的，义务主体也是绝对的，但事实上，权利不可滥用，环境权的享有和行使要有一定的度量或界限，不能妨碍或者威胁到其他环境权主体的环境权和其他权利，因为其他主体也具有在该环境中的权利，也就是说，对在某环境中的环境权主体设置了相应的限制或限度。环境债权遵循债权的一般规律和规则，环境债权的双方或多方当事人之间可以就环境债权的具体内容及实现方式加以约定，设定各自的权利和义务。

在环境法律关系中，环境权利和环境义务之间的关系所存在的一个重要的特殊之处在于，当环境权主体为人类整体时，人类整体作为一个拟制的或抽象的法律主体是不可分割的。它是一个世代延续、生生不息的并被抽象过的主体，但它并非一个不存在的主体，因为它所享有的权利要体现于已经存在的和即将存在的每一个自然人。在这种情况下，作为环境权主体的人类整体只能作为环境权主体存在，此时，承当相应环境义务的是已经存在于社会中并有着相应行为能力的自然人、法人和其他社会组织等各具体的环境法律关系主体。

另一方面，环境法律关系中环境权利和环境义务功能上存在互补关系。所谓功能互补关系，是指环境权利和环境义务对于实现社会关系的调整而言，在功能上是相互补充的。环境法律关系是运行中的社会关系，在环境法对于社会关系或利益关系的调整过程中，环境权利所确定的是环境权主体为获得相应的利益而可以从事的行为或所具有的资格以及由此所能获得的利益，同时也包含着行为的尺度或利益的限度，而环境义务则是环境义务主体为环境权利主体利益的实现或权利的行使而作出相应行为或不作出相应行为的尺度或必要性。

在环境人身权和环境物权等所谓的绝对权的法律关系中，环境权的功能是提供权利人自己实现利益的可能性，而相应的环境义务则排除了对环境权主体利益实现的妨碍，构成利益实现的条件。在环境债权等相对权的环境法律关系中，环境义务的功能是保证环境义务主体主动作为以实现环境权主体的利益，而环境权则保证了环境权主体的利益范围和利益要求的提出以引起环境义务主体的行为。正是环境权和环境义务这两种法律手段的功能互补，才保证了环境法律关系主体利益的实现，只注重其中任何一方的功能是不可能实现环境法相应的调整功能或调整预期的。

（二）环境法律关系中的环境义务

一般认为，法律义务是为了更好地实现社会秩序和谐的法律主体的需要而创设的，因此法律义务往往被界定为法律规定的，法律关系主体必须依法从事某种行为或者不得从事某种行为的尺度或者必要性。前文已述，环境义务和环境权利相对应，都是满足环境权主体利益需求的法律手段。对于法律义务的特点，有学者曾指出："法律义务的特点是无条件性和严格性，与权利相比，它是义务主体无可选择的，相对于权利，它更体现出法律的强制性。"❶ 环境义务在绝大多数情况下也都具有这样的特点，而如果环境法律关系中涉及环境债权的约定和实现时，相应的环境义务是可以由环境法律关系主体之间进行约定的，只不过环境义务一旦约定也就同样具有了相应的强制性。对于环境法律关系中的环境义务，我们将从这样三个方面进行阐述：

首先，环境义务是指环境法律关系中为了实现和保障环境权主体的环境权利，有关环境法律关系主体所应承担的为或不为一定行为的义务。一般来说，法律上的权利有三项权能：为或不为一定行为的权能、要求权和请求权，环境法上的权利也不例外。与环境权利的权能相对应，环境义务有三种表现形式：

（1）作为之环境义务，即环境义务人应当按照环境法律规定或者环境权主体的要求，作出积极的行为以满足环境权利主体的利益要求。这一义务所针对的是环境权利中的要求权能。由于它的权利相对性非常明显，如对于环境债权而言，环境权利主体与环境义务主体之间往往有明确的约定，所以，积极作为之环境义务直接关系着环境权利主体的利益能否实现以及实现程度。

（2）不作为之环境义务，即环境义务人不得作为的一种特定行为。这种义务形式是针对环境权主体的行为权的。由于行为权在绝对法律关系中对权利人利益的实现居于中心地位，所以这一义务起到保

---

❶ 公丕祥主编：《法理学》，复旦大学出版社 2002 年版，第 456 页。

证权利人正常享受权利的作用，是权利人享受权利的条件。例如，在环境人身权和环境物权中，环境义务人只要不作出侵害环境人身权和环境物权的行为，就满足了环境权主体正常享受环境人身权和环境物权的条件。

（3）接受国家强制之义务，即环境义务人不履行相应的环境义务时，必须忍受或承担相应的国家强制的后果，或者之前约定过的不利后果。这一类的环境义务针对的是环境权利的请求权能，而且又与环境责任直接相关，是环境责任的直接引发者。这种形式的环境义务在保护性的环境法律关系中构成了受损利益得以恢复的内容。

其次，从环境法律关系中环境权利和环境义务各自的地位及相互关系来讲，有的学者主张，环境义务之于环境权利，更应该成为人类保护环境的着眼点。有学者指出，用环境权的伸张抵制环境恶化，具体到操作层面为：在法律上设定权利——权利主体主张权利——国家机关或其他组织救济权利。这种"设定——主张——救济"之路不足以达到对环境问题的解决，无法实现对环境的有效保护。鉴于环境权利面对环境侵害的无奈，因此，主张转向采用义务的方法，确立环境法或环境保护的义务本位。所谓义务的方法就是"设定——执行——履行"的方法，即用法律设定环境义务——政府执行法律——义务主体履行环境义务。按照这种方法，法律上设定的环境义务不再是对具体的权利人做什么，而是对环境或者说是人类生存条件做些什么。❶

对此，笔者认为，这一主张有其合理之处。的确，现实中许多环境问题之所以未能得到很好的解决，或者环境权理论之所以存在很多问题尤其是难以操作的问题，与之前学者们将过多的精力或视角都放在对环境权的强调而相比之下对环境义务有所忽略有很大关系。权利从来都是与利益密切相关的，我们在大声呼吁环境权的同时，往往对社会公众的导向是人们要更加注重自己与环境相关的利益，而这种情况下反而容易让人们忘记或者根本没有意识到，环境权利与环境义务从来都是同生并存的，在追求环境权的同时一定要履行相应的环境义务，甚至在一些情况下，环境义务具有一定的单向性，如作为实在的

---

❶　徐祥民、田其云等：《环境权——环境法学的基础研究》，北京大学出版社 2004 年版，第 75 页。

自然人、法人或其他社会组织对人类整体的义务。但是，对环境权的过分强调在很多情况下使人们更多地去追求利益，而无视甚至故意不履行相应的义务。这样就在根本上背离了环境权理论乃至整个环境法存在的初衷——对生态环境实现更好的保护，以维护人与自然和谐相处的关系。

然而，矫枉未必一定要过正。如果要确立环境义务本位，那么就要重新审视环境法律关系中环境权利和环境义务的关系，环境法律关系主体之间的关系所遵循的规则恐怕也要重新确定。这同样会出现一些问题，因此笔者主张，环境法律关系中依然要确立环境权利的主导或所谓的本位地位，但同时也要将环境义务在环境法律关系中的地位予以提升，不再单纯地作为实现环境权利的条件或保障而存在，在一些情况下或一定的环境法律关系中，可以确定环境义务相对于环境权利的优位性，即更多地强调和关注环境义务是否被履行，以及如何建立和完善促进或保障环境义务履行的相应机制和规则。

最后，环境法律关系中的环境义务往往体现为一种作为或不作为的强制性，从形式上看，它也主要呈现为一种环境行为，只不过这种环境行为是在相应的环境行为规则指导下展开的。与环境法律关系中环境义务呈现形式主要为环境行为及相应的行为规则不同的是，环境法律规范中的环境义务既可以表现为具体的法律规则或法律原则，也可以通过具体的环境制度来体现，而且环境法律规范性文件中许多环境义务都是承载于相应的环境制度之中，如环境质量标准制度、排污费制度和清洁生产制度等。

以清洁生产制度为例，在我国许多单行的环境法律规范性文件中，都建立了清洁生产工艺制度和落后工艺、设备淘汰制度。《水污染防治法》第43条规定："企业应当采用原材料利用效率高、污染物排放量少的清洁工艺，并加强管理，减少水污染物的产生。"第41条第1款规定："国家对严重污染水环境的落后工艺和设备实行淘汰制度。"《大气污染防治法》第19条也作了同样的规定。再有，《海洋环境保护法》第13条规定："国家加强防治海洋环境污染损害的科学技术的研究和开发，对严重污染海洋环境的落后生产工艺和落后设备，实行淘汰制度。企业应当优先使用清洁能源，采用资源利用率高、污染物排放量少的清洁生产工艺，防止对海洋环境的污染。"此类规定在我国有关环境的规范性法文件中并不鲜见。上述条文所规定的清洁生产制度及落后工艺、设备淘汰制度其实也是环境义务的一种表现形式，或者说一种立法表述方式，而一旦要将这些制度付诸实践或使其得以实施，同样要借助相应的环境法律关系。在相应的环境法律关系中，有关的制度将被转化为各项具体的环境义务或义务规则。这一现象也再次证明了环境义务在环境法律关系内容中的基础性地位，因此本书将环境义务作为环境法律关系基础性内容加以探讨。

四、环境法律关系内容之环境职权与环境责任

（一）环境责任的产生及其功能

环境责任又可称为环境法律责任，属于法律责任的一种具体表现形式。在法理学中，法律责任是一个非常重要的基础性概念，法律责任制度的存在是法律规范得以实施的基本保障，或者说法律责任是法律调整中一个非常重要的手段。一般而言，关于法律责任含义的解释有两种：一是广义上的理解，即将法律责任等同于法律义务，如通常所说的国家机关执行法律的责任、公民保卫祖国的责任，以及控告人的举证责任等，以上所提到的法律责任一般被认为与法律义务相等同；二是狭义上的解释，即将法律责任界定为因违法行为或其他法律规定的事实的出现，一定主体应当承担的不利后果。在多数情形下，关于法律责任的使用都是取其狭义上的含义，笔者也认为，环境责任是指环境法律关系主体因违反有关环境法律规定或者环境法律关系主体之间的约定，而依照法律或者约定而承担相应的不利后果。

从环境责任的含义界定中我们不难发现，环境责任是环境法律关系主体所承担的一种不利后果，而这种不利后果的承担并非毫无原因，也即法律责任的形成需要具备相应的条件，即环境法律关系主体的行为违反了环境法律规定或者与其他环境法律关系主体之间的约定。具体而言，主要包括这样三种情形：

（1）在环境法律关系中，环境权利和环境义务分别属于不同的环境法律关系主体，其中环境权主体的权利实现需要借助于环境义务主体的作为或不作为来进行，而且无论是环境权利还是环境义务，都是有关环境法律规范所明确规定的。在这种情况下，如果承担环境义务的主体未能按照规定从事某种行为或者不从事某种行为，而导致环境

权利主体的环境权未能得到实现或者因为环境义务主体的作为或者不作为而受到了侵害或者损失，那么依法承担环境义务的环境法律关系主体就应当由此而承担相应的环境责任。例如，当环境权利主体为人类整体时，任何的自然人、法人或其他社会组织的行为一旦违反了环境法律规范关于环境保护的义务规定，违反者就要承担相应的环境责任。这种环境责任通常表现为要接受某种法律制裁，包括人身性质的和财产性质的法律惩罚。

（2）在特定的环境法律关系中，尤其是当环境法律关系的内容涉及环境债权时，环境法律关系的主体之间可以就债权的享有、实现方式，以及相互之间的权利和义务的内容等进行具体的约定，只要这些约定不违反法律、法规的强制性规定，就应该视为是有效的。一旦约定并被环境法律关系主体各方所确认就具有法律效力，任何一方违反约定都要承担相应的环境责任。承担这种情形下所形成的环境责任的方式，主要是财产性的惩罚。

（3）如果环境法律关系为指令型的环境法律关系，那么依法享有环境职权的国家机关如果未能履行法定的职权，而对有关环境权主体的环境权利造成侵害或者有侵害之虞，那么有关国家机关就要承担相应的环境责任。所谓指令型法律关系，又称非平权型法律关系，是指双方主体在法律关系中的权利义务具有不平等或者不明确对应的关系的特征，即一方主体主要是权利（力）的施行者，而另一方主要是义务的承担者。在现实生活中，这主要表现在行政法律关系中。❶ 具体到环境法领域，主要表现为环境行政法律关系，如环境监管法律关系。

对于上面提到的环境责任承担或产生的三种情形，前两种主要是由于环境法律关系主体违反了相应的环境义务，依照法律或者约定所承担的责任后果，第三种情形中，承担环境责任的主体主要是依法享有环境职权的国家机关，由于其未能依法履行其环境职权，而依法承担的环境责任。明确了环境责任的产生原因之后，接下来的问题是，环境责任制度具有怎样的功能？或者说，为什么要设定环境责任制度？

应该说，每一种法律制度确认法律责任都有自己的目的和作用。在早期的法律中，法律责任的作用就是对违法者进行处罚，即对违法

---

❶ 谢晖、陈金钊：《法理学》，高等教育出版社 2005 年版，第 243 页。

者实行报复。随着社会的发展，利益的个人化越来越明显，人们的关系由身份向契约转化，特别是经济的发展使利益越来越变得可用经济指标计算。这时，法律责任的另一个作用是恢复权利。随着资本主义的兴起，人文精神得到张扬，人的地位越来越受到重视，人们也更注重法律责任的教育作用。因此，根据法律责任功能的发展进程及其一般理论，笔者认为，环境法律责任的功能同样具有这样三种：

一是处罚的功能，即通过环境责任的承担让责任主体感受到被制裁的痛苦，以此来使其对违反环境法律规范或者有关约定的行为的法律上的负面评价有着更清晰的认知，使其认识到自己的违法或违约行为不仅给环境权主体带来了侵害或损失，同样也会给自己的利益带来损失，而且这种损失并不低于甚至要高于因其行为给权利主体所造成的损失。

二是恢复权利的功能，通过环境责任的认定及承担，可以让受到损害的环境权主体的有关权利得到恢复和救济，使环境权主体的相关利益在得到弥补后尽量回复到正常状态。这一功能是市民社会出现利益纠纷后对法律责任的一项普遍要求，也是环境责任所具有的一项基本功能。为实现这一功能，环境责任的形式是各种利益补救措施和各种补偿手段。

三是教育功能，通过环境责任的认定和承担，不仅使违反环境法律规范或有关约定的当事方意识到自己行为的错误，更加清楚地了解相关法律规范的内容及精神，使其通过对环境法律关系的实际参与及有关环境责任的实际承担来接受相应的环境法律教育，而且对其他社会主体也有一定的教育和警示功能。

（二）环境职权与环境责任

本书将环境义务、环境职权和环境责任都视为环境法律关系的重要内容，对于环境义务以及环境责任的产生原因，前文已述，尤其是环境责任的产生，与环境义务和环境职权直接相关。环境义务与环境责任的关系在此不再赘述，接下来将对环境职权与环境责任这对关系范畴作重点探讨和分析。

职权通常是与国家机关或者公权力直接相关的，因此职权一般是指国家机关及其工作人员依法所享有和行使的权力。当然，有些学者也将职权视为广义上的权利的一种类型，并同时主张职权是权力和责任的统一。例如，黄建武教授就认为，职权是指国家机关及其工作人员依其性质、地位和职位的性质而由法律赋予的执行公务的权力和责任。权利和职权虽然都是指法律关系主体依法具有的某种能力，但二者之间又有区别。首先，权利通常与自然人和法人的个人利益相联系，而职权则代表了国家的利益。其次，权利既可以行使，也可以放弃，有的还可以转让，职权则意味着法律要求他必须从事这一行为，既不能转让，也不能放弃，否则就是失职或者违法。再次，职权直接同国家强制力联系在一起，国家机关及其工作人员行使职权时，往往直接伴随着国家强制力，有的甚至本身就是国家强制力的代表和化身，而自然人和法人在其权利受到侵犯时，只能要求国家机关予以保护，不能由自己来强制实施。最后，一般来说，权利代表了平等的关系，职权则体现了政治上的服从关系。❶

笔者认为，环境职权属于职权的一种具体表现形式，因此它也具备上述关于职权特点的描述。对于环境职权的含义，是指国家机关及其工作人员依照法律规定所享有的与环境管理或环境保护等直接或间接相关的执行公务的权力。并且，在环境职权中，环境权力与环境责任是密不可分的，但在本书中，环境责任是一项独立的环境制度，有其独立的存在价值，且在特定的环境法律关系中，环境职权与环境责任是对应存在的。因此，本书所谓的环境职权，主要指的是与执行环境公务包括环境管理和环境保护等有关的公权力。对于环境法律关系中的环境职权和环境责任，我们可以环境监管法律关系为例来具体加以分析。

根据肖俊的研究，环境监管由环境监督和环境管理两部分组成，两者是相互贯通、相互依存、缺一不可的统一整体。一方面，环境管理专指环境资源行政管理部门对各种影响环境资源的行为进行规划、调控的行政管理活动，即狭义上的环境行政管理。它是国家机关在环境行政活动中的一项重要而特有的职权，非一般社会主体所享有。另一方面，环境监督是指除国家机关的环境管理行为外，企事业单位、社会团体、公民可以制约环境管理行为和检控破坏环境行为。❷

---

❶ 公丕祥主编：《法理学》，复旦大学出版社 2002 年版，第 455 页。

❷ 肖俊："环境监管法律关系理论解析与立法完善"，载《中国环境管理干部学院学报》2010 年第 1 期，第 12 页。

本书则在狭义上，并且主要在环境管理的层面上来使用"环境监管"一词。在环境监管法律关系中，有关国家环境管理部门依法享有相应的职权，他们或者负责制定环境管理法律规范，或者负责执行相应的环境法律规范，或者从事相应的环境司法审判。如果有关国家机关违反了相应的环境职权规范，或者未能积极履行相应的环境职权，就要因此承担相应的环境责任，这种环境责任既可能是行政处分，也可以是财产性的赔偿或者补偿。总之，在这些情况下环境责任是由环境职权的不当或违法行使所形成的，是环境法律关系主体为国家或国家机关时所存在的环境法律关系的内容。

当然，根据本书对环境法律关系内容的研究，我们发现，环境法律关系内容中，环境权利和环境义务处于基础性内容的地位，它们从根本上决定着环境法律关系的运行方向或目的，而环境职权和环境责任从某种意义上讲，具有某种从属性或派生性，它们存在的一个重要意义就是更好地保障环境法律关系主体环境权利的实现和环境义务的履行。虽然如此，我们仍然不能将环境职权和环境责任排除在环境法律关系内容之外。只有这样，环境法律关系的内容才是完整的。

第四章　环境法律关系客体理论的反思与重构

　　法律关系客体与法律关系主体相对应，是法律关系的基本构成要素之一。一般认为，法律关系客体是实现法律主体活动意义的直接对象和承受者，只有具备了法律关系客体，法律关系主体的活动才能具体化、实在化。对于法律关系客体的含义及其范畴问题，尽管法理学界有着较为一致的观点，但也有学者对传统的观点提出了质疑。本书在探讨环境法律关系时，自然要涉及对环境法律关系客体的讨论，由于环境法律关系客体理论建立在法律关系客体理论之上，因此，在研究环境法律关系客体时，同样越不过对法律关系客体理论的探讨。本文结合环境法律关系的特点，对建立在传统法律关系客体理论基础上的环境法律关系客体理论进行了反思，提出了环境法律关系客体为环境行为的观点，并区分了环境法律关系客体与环境法律关系客体之载体，期望试图以此来改进或在某种程度上重构环境法律关系客体以及法律关系客体理论。

一、法律关系客体的含义及其范畴

（一）法律关系客体的含义及特征

　　客体首先是一个哲学概念，它与主体相对应。不同的哲学流派和学者对客体的解释也不一样。马克思主义认为，哲学上的客体是指"主体以外的客观事物，是主体认识和实践的对象"❶，即将客体界定为主体在认识活动中所指向的对象，它具有客观性，不以主体的意志为转移，是在实践活动中和主体相对应的一极。法律关系客体和哲学上的客体相比，其内涵更为明晰，范围更小。法律关系客体由法律关

---

❶ 《现代汉语词典》，商务印书馆1996年版，第717页。

系衍生出来，按照德国学者拉伦茨的观点，法律关系应该被看作一个包含单个权利和权能、预期取得、法律义务和其他约束、负担性义务和权限的各种联系的综合的整体，是一个整体和一种"结构"。❶ 就某一法律关系的客体而言，正是该法律关系主体的权利（力）所针对的事物，是法律关系内容所指向的对象，因此法律关系的客体具有相应的客观性。

当前，我国学界对法律关系客体的含义比较一致的界定是：法律关系主体之权利和义务所指向的对象。并且，学者们也大都将法律关系客体与权利客体相等同。例如，黄建武教授认为："法律关系客体，又称权利客体，是指法律关系主体的权利和义务所指向的对象，它是能够满足主体（权利人）利益需要的物质和非物质财富。"❷ 之所以如此，持赞同观点的学者们是基于这样一个共识：法律关系客体同权利客体有着密切的联系，这源于权利在法律关系中的重要地位。按照法律关系的一般理论，权利和义务是法律关系的基础性内容（有些学者认为是唯一的内容），而权利又是法律关系内容的本质。故"因权利之所在，权利人对他人或财产取得之法律上联系，此项联系，谓之法律关系"❸。既然权利是法律关系的内容本质，那么法律关系的内容所指向的对象即权利所指向的对象，或者说法律关系内容得以依托的目标性事物，就是权利得以成立的基础。从这个意义上讲，法律关系客体可以说也就是权利客体。❹

对于上面关于法律关系客体与权利客体相同的理论界的共识，有的学者已提出质疑，笔者通过对环境法律关系的思考与研究，也有同感，法律关系客体与权利客体并非完全等同，二者是关系密切但存在区别的两个概念，它们在内涵和外延上都存在不同。对于提出该观点的理由，将在后面论述环境法律关系客体时再行阐述。当然，对于法律关系客体含义的界定，笔者基本上赞同学者们共识性的观点，但结

---

❶ ［德］拉伦茨：《德国民法通论》，谢怀栻等译，法律出版社2004年版，第261页。
❷ 公丕祥主编：《法理学》，复旦大学出版社2002年版，第458页。
❸ 梅仲协：《民法要义》，中国政法大学出版社1998年版，第33页。
❹ 法律关系客体与权利客体等同的观点被我国许多学者所认同，如梁慧星：《民法总论》，法律出版社1996年版，第50页；魏振瀛：《民法》，北京大学出版社2000年版，第117页；孙笑侠主编：《法理学》，中国政法大学出版社1996年版，第96~97页；沈宗灵：《法理学》，高等教育出版社1994年版，第391~394页。

合前文关于法律关系内容的分析，笔者认为，法律关系客体是法律关系主体权利、义务、职权和责任等法律关系内容所共同指向的对象。对于法律关系客体的特征，可从以下几个方面来把握。

首先，法律关系客体是一种客观存在的现象与事实。环境法律关系客体与哲学上所讲的客体一样，都具有客观性。任何人的意志都不能改变法律关系客体存在的客观属性。需要指出的是，法律关系客体存在的客观性并非指单一的客体存在的客观性，也不意味着它与人的意志完全无关，而是指不管个人的意愿如何，法律关系客体都是存在的，因为法律关系的主体和内容是客观存在的，法律关系运行是客观存在的，而这一切又都取决于人的利益需要及交往关系的存在。

其次，法律关系客体的具体内容取决于主体的意志和需要，能够为法律关系主体所控制和利用，并以满足主体的需求为其存在的目的。并非所有客观存在的现象或事实都能成为法律关系的客体，作为法律关系客体存在的客观现象或事实必须是能够为人们所控制和利用的。

最后，一种客观存在能否成为法律关系客体，最关键的因素是其是否受到法律的调整。由于法律以满足人们的需求为其基本目的，从而使受法律调整的法律关系客体也就具有了一定程度上的主体需求性、主体意志性等主观属性。因此，法律关系客体在某种意义上可以视为主观性与客观性共存于其中的客观事物或现象，而且从本质上讲，法律关系客体的内容取决于法律关系主体的需求和意志。

以上论述主要建立在当前学界对法律关系客体认识基础之上，尽管笔者并不完全赞同关于法律关系客体的论述，原因在于本书将法律关系客体与权利客体作了区分，而上述关于法律关系客体特征的论述更多是权利客体所具有的。当然，法律关系客体与权利客体在某些方面是重合的，具有相似性，因此有关论述也在一定程度上描述了法律关系客体的特征，即客观性、为主体所利用，以及受到法律的调整。

（二）传统理论中法律关系客体的范畴及评析

由于学者们对于法律关系客体的含义有着一定的共识，因此在法律关系客体的范畴也即法律关系客体都包括哪些类型的事物这一问题上，并没有太大的分歧，见解的不同主要在于法律关系客体应该是三类还是四类。其中，三类说一般认为，法律关系客体包括物、行为和精神财富（或智力成果）；而四类说除了物、行为和智力成果之外，还将人身利益也纳入法律关系客体的范畴。当然，在不同学者那里，具体表述也有所不同。

沈宗灵教授认为，法律关系客体又称权利客体，是权利主体的权利与义务所指向的对象。法律关系客体可以分为以下几类：第一，国家、社会和个人的基本经济、政治和精神文化财富；第二，物；第三，非物质财富，它包括创作活动的产品和其他与人身相联系的物质财富；第四，行为结果。一定的行为结果可以满足权利人的利益和需要，可以成为法律关系的客体。❶

张文显教授在其主编的《法理学》中认为，法律关系客体是指法律关系主体之间权利和义务所指向的对象。法律关系客体归纳起来，有以下几类：（1）物。（2）精神产品。西方学者称之为无体（形）物。我国法学界则称之为智力成果或无体财产。（3）行为结果。作为法律关系客体的行为结果是特定的，即义务人完成其行为所产生的能够满足权利人利益要求的结果。❷

周永坤教授认为："法律关系客体是法律关系的要素之一，是指法律关系主体的权利和义务所指向的对象，也称权利客体或义务客体。法律关系客体可以分为三大类：财产、非财产利益和行为。"❸ 根据周永坤教授的观点，作为法律关系客体的财产可以分为物质财富和非物质财富两大类。在互联网时代，正在出现一种全新的非物质财富——仅仅在网络上存在的虚拟财产。非财产利益在民法中表现为人身。

除了上面列举的三类说和四类说之外，也有学者主张两类说，如陈金钊教授认为，法律关系客体是指法律关系主体之间权利和义务所指向的对象。它是构成法律关系的要素之一，包括物和人身人格。❹从这些关于法律关系客体范畴的不同学说可以看出，法律关系客体是一个比较复杂的问题，尽管在含义上分歧不大，但在其范畴的认识上则显得有些混乱，且在表述上也存在较大差异，如行为和行为结果就属于不同的概念，而有的学者认为行为属于法律关系客体范畴，而有

---

❶ 沈宗灵主编：《法理学》，高等教育出版社 2004 年版，第 394 ~ 398 页。

❷ 张文显主编：《法理学》，高等教育出版社、北京大学出版社 1999 年版，第 116 ~ 118 页。

❸ 周永坤：《法理学》，法律出版社 2004 年版，第 139 页。

❹ 陈金钊主编：《法理学》，北京大学出版社 2002 年版，第 179 页。

的学者则将行为结果视为法律关系客体之一。这一现象颇为奇怪。

形式逻辑学认为，概念的内涵和外延是统一的一对范畴，两者是相互制约、互为条件和相互转化的逻辑关系。辩证逻辑学则认为，概念的内涵和外延之间存在正变关系。一方面表现为："概念的外延越大，概念的内涵包含的事物的特殊属性就越多；反之，概念的内涵所包含的事物的特殊属性越少，概念的外延就越小。"❶ 由此可以看出，如果概念的内涵存在一致性，概念的外延也应该具有一致性。但是，通过前文对学者们关于法律关系客体范畴的列举可以发现，学者们对法律关系客体概念的内涵的认识基本上是一致的，但在外延即范畴上却发生了很大的分歧，这从逻辑学上是讲不通的，这也说明当前我国法律关系客体理论的不甚成熟。

当然，对于法律关系客体外延或范畴问题，有学者认为，不同的历史时期和不同的社会条件下，法律关系客体的范围是不同的。决定法律关系客体范围的要素主要有：（1）法律的规定。任何社会现象要成为法律关系的客体，首先取决于法律的规定，法律规定是法律关系客体得以出现的前提。（2）社会成员的利益需要。立法并不是毫无根据地确定法律关系客体，客体的确定源于社会成员的利益需要，即某种现象构成能够满足社会成员利益需要的资源时，立法才可能将其纳入客体的范围，否则将这种现象纳入法律调整的范围没有意义。（3）生产力和社会发展状况。社会成员的利益要求，法律调整对某种利益要求及相关资源的主观选择和确认，归根结底是由生产力和社会发展水平所决定的。随着生产力和社会的发展，人们利益的扩展，法律关系的客体也将越来越多。❷

虽然上面的论述可以在一定程度上解释学界关于法律关系客体内涵一致而外延不一致的现象，但仍然无法从逻辑上消除内涵和外延不一致的悖论。因此，我们现在应该考虑的不是怎样解释法律关系客体内涵与外延不一致的原因，而是重新审视关于法律关系客体内涵的界定，以及法律关系客体在法律关系中的地位和功能。从上述关于法律关系客体的内涵和外延的界定不难看出，学者们主要是依托民法或民

---

❶ 李廉：《辩证逻辑》，安徽人民出版社1982年版，第43页。
❷ 公丕祥主编：《法理学》，复旦大学出版社2002年版，第459页。

事法律关系来作出这些界定的，并将法律关系客体与权利客体相等同。笔者认为，问题的根源正在于此。我们说，法律关系是法学的一个基础性概念，它应该能够涵盖、统领并适用于所有的部门法，但实际上，学界大多数学者在界定或构建法律关系理论时，都是潜在地从民事法律关系的立场或视角来进行的，由此得出法律关系客体等同于客体的结论。笔者认为，这一做法似有不严密之处，而且也确实导致了法律关系理论存在难以克服的普遍适用性的缺陷，如对于行政法律关系，我们就很难适用传统的法律关系理论进行分析。

基于上述理论，本书关于法律关系客体的基本观点是，法律关系客体不同于权利客体，并且将法律关系客体界定为法律关系主体之间权利、义务、职权和责任等内容所共同指向的对象或客观现象。对于法律关系客体范畴究竟应该怎样界定，在接下来的部分中将予以探讨。

（三）法律关系客体——法律行为

理顺法律关系客体理论对于法律关系理论的研究非常重要。笔者认为，当前学界关于法律关系客体的解释存在一定的问题，所以对法律关系客体的含义作了重新界定，并区分了法律关系客体与权利客体这两个概念。问题在于，到底该如何认识法律关系客体的范畴，或者说法律关系客体究竟包括哪些内容。结合前文的分析，笔者认为，法律关系的客体应该仅指法律行为，而不包括物、智力成果和人身利益等，当然也不包括行为结果。

法律行为是一个非常重要的法学概念，它一般是指法律主体所进行的作为或者不作为。根据一般的法学理论，法律行为被视为引起法律关系产生、变更和消灭的最主要原因。法律行为之概念最早出现在民法领域，由德国法学家、历史学派的创始人胡果首先提出。胡果在对罗马法中各种具体的法律行为共同点进行概括的基础上，创造性地提出了"法律行为"这一概念。法律行为的本来含义是权利行为也即法律权利的运用，或涉及法律的行为。后来，在民法学者的发展和改造下，法律行为理论逐渐成熟，而且学者们注意并表达了在私法调整下人们行为的一个重要特点，即意思表示和取得法律效果这一目的。

根据法理学界关于法律行为的一般界定，法律行为具体是指由法律所规定或调整的，能够发生法律效力或者产生法律效果的行为。法律主体在社会生活中会有许多行为，并非所有的行为都具有法律意义，法律行为仅指主体行为中能够产生或具有法律意义的行为。所谓具有法律意义，是指行为具有社会指向性或交互性，并且可能造成社会矛盾、冲突甚至社会危害，在这种情况下，才有可能和必要纳入法律调整的范围之内，成为法律行为。诚如著名法学家凯尔森所言："行为之所以成为法律行为正因为它是由法律规范所决定的。行为的法律性质等于行为与法律规范的关联。行为只是因为它是由法律规范决定并且也只有在这一范围内才是一个'法律'行为。"❶ 在法理学上，法律行为是法律事实的一个主要组成部分，而法律事实又是引起法律关系产生、变更和消灭的基本原因，因此法理学和有关部门法学中关于法律行为的认识都是在这一视角或立场上进行的，即都是将法律行为仅仅视为法律事实的一部分，其功能是影响法律关系的产生、形成和变更。而笔者认为，法律行为除了这一地位和功能外，还作为法律关系客体存在，是连接法律关系中主体与内容的基本中介，也是法律关系运行的动力所在。

作为法律事实的法律行为与作为法律关系客体的法律行为二者并不冲突，因为对于法律行为的地位或功能，我们可以从法律关系内部和外部两个视角来观察和分析。从外部来看，法律关系之所以产生、变更和消灭，一个主要原因是相应的法律行为的存在，而法律行为的出现和存在又不是孤立的，它恰恰体现在法律关系主体的关系之间，即法律关系主体通过不同的交往行为来产生、变更和消灭法律关系的同时，也通过相应的行为来享有权利、履行义务、行使职权或者承担责任，此乃法律关系内部视角中的法律行为。其实，外部视角和内部视角的法律行为属于同一法律行为，都是同一法律关系中法律关系主体之间发生的行为。当然，现实生活是复杂的，法律关系也很少是单一性的存在，所以不同的法律行为都是交织在一起共同作用的，由此形成不同的法律关系或者在同一法律关系中存在前后多个相互关联的法律行为。

除此之外，对于为何将法律行为作为法律关系的客体，我们还可从以下两个方面进行阐述和论证。

---

❶ ［奥］凯尔森：《法与国家的一般理论》，沈宗灵译，中国大百科全书出版社 1996 年版，第 42 页。

一方面，通过法律的含义和特征可以分析出，法律关系的客体是法律行为。当前学界关于法律的概念的一般界定是，法律是国家制定或认可，并由国家强制力保证实施的，调整人们行为的准则。从中可以看出，法律概念最终的落脚点是行为准则，由此我们可以推出，法律关系客体应当是行为，而不是物、非物质财富和人身利益等。所以，马克思才有那句非常精辟的论断："对于法律来说，除我的行为外，我是根本不存在的，我根本就不是法律调整的对象，我的行为是我同法律打交道的唯一领域，因为行为是我为之要求生存权利，要求实现权利的唯一的东西，而且因此我才受现行法律的支配。"❶ 这一论断非常清楚地表明，行为是人们同法律打交道的唯一领域，当法律调整社会关系时，社会关系的主体不是以其自身与法律直接发生联系，而是主体之间的行为进入了法律的调整范围之内。法律要想作用于社会关系，其必由途径是借助于对人的行为也即法律关系中主体的行为来发生作用，而法律关系中主体的行为恰恰又是法律关系内容——权利和义务等的对应者，这样一来，法律对行为的规范和调整，就通过法律所设定的权利、义务、职权和责任等来实现，它们在通过行为得以实现的同时，也对行为进行着规范。

另一方面，从法律关系的本质上来看，法律关系的客体是法律行为而不是其他。法律关系是一种理论抽象后的事物，它实际上是一种思想关系或意志关系，是法律在调整社会关系中所形成的一种特殊的社会关系。社会关系是一种人与人之间的关系，社会关系的产生与维系关键或者核心在于行为，只有参与交往的各主体通过各自的及相互的行为，才将社会中各个独立的个体连接到一起，形成相互间的关联，法律也正是对这种关联的干预和规范。法律关系作为社会关系的下位概念或者属概念，同样也是一种人与人之间的行为关系，只不过这种关系中的行为要受到法律的规范和调整。换言之，行为是人们同法律发生关联的唯一途径，法律的意志正是通过作用于主体的行为来实现的，物质财富、非物质财富以及人身利益等都无法承担这一职能，而这些事物之于法律的联系也正是通过行为来实现的，因此，法律关系的客体只能是法律所作用或影响的对象——行为。

---

❶ 《马克思恩格斯全集》（第1卷），第16～17页。

二、环境法律关系客体的界定

（一）学界关于环境法律关系客体含义、范畴及其特征的观点

1. 有关环境法律关系客体含义和范畴的观点

与大多数法理学者一样，环境法学界在研究环境法律关系客体时，也将环境法律关系客体与环境权客体相等同，认为环境法律关系客体或者环境权客体是指环境权主体的权利和义务所指向的对象。对于环境法律关系客体的含义，蔡守秋教授具体是这样界定和分析的："环境法律关系客体，是指主体的行为（包括合法行为和违法侵权行为等行为）所指向或作用的对象，又称行为客体（或对象）、权利客体或义务客体。必须指出的是，这里的法律关系是广义的法律关系，包括法律规定的关系和传统法律关系理论中的法律关系。广义的法律关系的客体除权利和义务所指向的对象外，还包括法律规定的主体的行为所指向的其他对象以及主体所享有或负载的其他生活资源（如民法中的法益、自由资源等）。"❶

从上述界定和分析中，我们可以看出，环境法学者对环境法律关系的认识依然停留在传统的法律关系理论层面上，并且对传统的法律关系理论还缺乏充分而深入的把握，如将环境法律关系客体与行为客体、权利客体等的等同看待，以及所谓的广义法律关系的提法，都让人颇为费解。这种现象也客观地反映了当前我国环境法学界对环境法律关系及环境法律关系客体理论研究的现状或不足。

应该说，环境法律关系客体在环境法律关系理论研究中占有重要的地位。廓清环境法律关系客体的含义及其范畴，是研究环境法律关系以及环境权的关键所在。然而，当前学界的相关争论很多，在环境法律关系客体的含义及其范畴这两个基本问题上还没有达成较为一致的观点。由于我国学者多是将环境法律关系客体与环境权客体相等同，因此本书在介绍学界对环境法律关系客体研究的有关观点时，主要是通过对学者们对环境权客体的观点的考察来进行的。根据徐祥民教授等人的观点："总的来看，我国学者对环境权客体的观点大体

---

❶ 蔡守秋：《调整论——对主流法理学的反思与补充》，高等教育出版社 2003 年版，第 293 页。

可分为两种：一是一元论观点，即认为环境权的客体指环境要素（环境资源），持这种主张的主要是持狭义公民环境权观点的学者；二是多元论观点，即认为环境权客体的范围包括环境要素、防治对象和行为或者还有其他客体、其他权益等，多数学者持此观点。"❶

吴卫星是坚持一元论观点的代表性学者之一，他认为环境权的客体应当是整体的环境及其构成要素。具体而言，吴卫星认为："环境权的直接客体是对人类的生存和发展有直接或间接影响的各种环境要素，以及由这些要素构成的各圈层，如大气圈、水圈、土壤圈、生物圈和岩石圈。其中，环境要素又可分为两类——第一类是天然环境要素，如空气、阳光、水、原始森林、野生动植物等；第二类是人工环境要素，如公园、人工湖泊、文化遗迹等。"❷

相比较一元论观点的学者，持环境权客体多元论的学者更多。徐兴峰教授认为，环境权客体包括物和行为。其中，物作为环境法律关系的客体，具有相当的广泛性和复杂性，与作为民事法律关系和经济法律关系客体的物不同，它不是作为所有权、使用权和经营权的客体，更不是作为经济流通中的商品，而是作为环境因素或影响环境质量的物质因素或作为保护环境、防治环境污染和破坏的对象，因而相当广泛与复杂。物，首先指大气、水、土地、森林、矿产、野生物、海洋、草原和自然保护区等，以及不同范围、不同层次的环境综合体。行为，则是指权利主体和义务主体为实施一定的环境保护或者开发利用环境资源而进行的作为和不作为，它包括国家各级立法机关的环境立法行为、国家各级负有环境监管职权的行政机关具体的环境执法行为、司法机关的司法行为、各环境主体开发利用保护环境资源的作为与不作为。❸

吴国贵教授认为，环境权的客体除物、行为之外，还包括其他客体和其他利益。他指出，法律上的权利客体指的是权利行使所指向的对象，它说明享受权利的主体在哪些方面可以对外在的客体（物质客体或精神客体）作出某种行为或者不作出某种行为，这种对象始终与

---

❶ 徐祥民、田其云等：《环境权——环境法学的基础研究》，北京大学出版社 2004 年版，第 50 页。

❷ 吴卫星：《环境权研究——公法学的视角》，法律出版社 2007 年版，第 91 页。

❸ 徐兴峰："环境权——环境法学的基石"，载《环境与开发》1996 年第 2 期。

权利本身共存灭，一般包括物、人身、精神产品（无体物）和行为及其结果。环境法权利客体是环境法律关系主体权利行使所指向的对象，一般认为包括物和行为。❶

陈泉生教授则认为，环境权的客体包括环境法规定的各种环境要素、防治对象和行为。陈泉生教授分析，从目前环境法的规定来看，环境权所涉及的环境要素大致有三类：一是自然环境要素，如空气、水、阳光等；二是人为环境要素，如生活居住区、公园、人文遗迹等；三是整个地球的生物圈，如臭氧层、海洋热带雨林以及其他生命物种。因为整个地球是一个统一的整体，而各种环境要素之间又相互联系和相互制约，其本身是没有人为的国界的，其中任何一个要素遭到人为的破坏，都会影响到整个地球生物圈的生态平衡，从而危及人类的生存和发展。为此，整个地球的生物圈也是环境权利的客体。❷

2. 关于环境法律关系客体特征的观点

学者们在明确了环境权客体的基本含义和范畴之后，对于环境权客体或环境法律关系客体的特点也有过分析。蔡守秋教授认为，环境法律关系客体具有这样几个特点：（1）客体范围相当广泛，除了物、行为和权利（力）外，还有清洁生产技术等精神产品、环境资源信息等信息资源以及其他自由资源。这种广泛性也可以用环境法保护对象的广泛性、防治对象的复杂性和管理对象的多样性来表示。（2）在环境法律关系三要素中，客体是体现环境法律关系特征即反映人与自然关系的重要因素，客体往往成为环境资源法的标志，如土地法、水法、矿产资源法、环境法、自然资源法、野生动物法等。（3）客体可以是人，包括自然人（人身、人格和人体的某个部分）、克隆人和法人。例如，当一个企业依法在两个部门或地区之间进行迁移、转让时，该企业法人就成为两个部门或两个地区之间的法律关系的客体。❸

对于环境法律客体的特点，王圣礼博士则是在人际同构的视野下

---

❶ 转引自徐祥民、田其云等：《环境权——环境法学的基础研究》，北京大学出版社2004年版，第54页。

❷ 陈泉生："环境时代与宪法环境权的创设"，载《福州大学学报》（哲学社会科学版）2001年第4期。

❸ 蔡守秋：《调整论——对主流法理学的反思与补充》，高等教育出版社2003年版，第296页。

通过分析其与民事客体的区别和联系来展示的。人际同构法是江山教授最先提出的一种研究法律尤其是环境法的一种基本立场或哲学视角。根据江山教授的观点，人际同构法是"诱导人类整体与自然和谐一体之法。它是超然在人与自然之上又运行其中的规范体系"❶。王圣礼博士在江山教授关于人际同构法的理论基础上，对环境法律主体和客体进行了重新审视，当然，正如他在博士论文中指出的那样，环境法学作为人际同构法的重要组成部分，是一部全新的法律形态，同一切新生的文化现象一样，还缺乏学理设计和体系的严密构造。因此，环境法的革命仍然要在形式上向传统法学看齐，革命的只是法律制度和法律体系，环境法的"新酒"仍然要装进传统法学的"旧酒瓶"。❷ 笔者在此并不打算对人际同构法理论进行详细的介绍和评述，只是想通过对这一理论影响下的环境法具体理论如环境法律客体理论进行介绍和分析，尤其是王圣礼博士提到的环境法律客体与民事客体的区别，以此来反映环境法律关系客体的特征。

王圣礼博士认为，人际同构视野下的环境法律客体同民事客体之间既存在着明显的区别，又存在一定的联系。具体表现在这样四个方面：第一，两者的功能不同。环境法律客体是为了实现非人物种种群的生存权，不论是人的行为还是物，都是同环境法律准主体的生存密切相关的，能够成为环境法律客体，完全是从它们所具有的生态价值进行的考量。民事客体具有满足民事主体（包括由人组成的组织）的需要的价值，更多情况下是根据它们的市场价值和财产价值所进行的考量。第二，两者的范围不同。环境法律客体中的物是同环境法准主体的生存密切相关的自然物（主要是非生命物以及未纳入环境法准主体的有生命物），而民事客体中的物既包括具有市场和财产价值的自然物，又包括人造物。环境法律客体中的人的行为仅仅包括人类在开发利用自然物的过程中对环境法准主体的生存有可能会产生不利后果的行为，不包括准主体的行为。而民事客体中的行为则是指具有经济学上的稀缺性和市场价值的人的行为。第三，无论是人的行为还是物，都具有人力可及的性质。环境法上的物仅指可以受人的行为影响以致

❶　江山：《人际同构的法哲学》，中国政法大学出版社2002年版，第70页。
❷　王圣礼："论环境法律主体与客体"，西南政法大学2008年博士学位论文，第73～74页。

会影响环境法准主体生存的自然物。第四，两种客体具有一定的交叉性。具有财产价值的自然物，一方面具有民事客体的性质，另一方面也具有受人影响而危及环境法准主体生存的性质，因而，在这方面，环境法律客体同民事客体之间存在一定的交叉性。❶

3. 简要评析

从上面关于环境权客体的含义及其范畴的不同观点的介绍中可以看出，当前我国环境法学界对于环境权以及环境权客体的研究已经进入一个较为系统和深入的层次，尤其是对环境权各种客体的分析比较到位。然而遗憾的是，由于大多数学者在研究过程中都自觉或不自觉地将环境权客体等同于环境法律关系客体，所以对于环境权客体与环境法律关系客体的区别以及环境法律关系客体本来的含义及范畴的思考，就不可避免地被忽略了。笔者认为，环境权客体与环境法律关系客体是有着相互联系但更有着很大区别的两个概念，它们的含义及范围同样存在不同。

而学者们在论述环境法律关系客体的特征时，则存在理论上的混乱性。在蔡守秋教授关于环境法律关系特点的分析中，混淆了环境法律关系主体、客体和内容三者之间的界限，将本来属于环境法律关系内容的权利或权力也视为环境法律关系客体之一，更不可思议的是，他将"人"这个毫无疑问本应该是环境法律关系主体的东西也视为环境法律关系客体。所以，尽管蔡守秋教授在环境法律关系客体的特征上的分析有一定道理，但由于其对环境法律关系客体与环境权客体以及法律关系的基本理论认识上存在过于特立独行的看法，导致其在相关论述中出现了一些难以达成共识的观点和内容。

王圣礼博士在人际同构的视野下，比较了环境法律客体与民事客体的区别和联系，比较恰当地阐述了环境法律客体的特征。当然，这里需要指出的是，王圣礼博士认为环境法律客体与环境法律关系客体存在一定的区别，他认为，环境法律客体是由环境法律关系客体演化而来的。但是，同样的问题是，作者在文中并没有严格区分环境权客体与环境法律关系客体，而引入的环境法律客体不仅缺乏理论说服力，反而增添了理论上的烦琐与混乱。总之，笔者认为，关于法律关系客

---

❶ 王圣礼："论环境法律主体与客体"，西南政法大学 2008 年博士学位论文，第 136 页。

体理论的许多观点仍有待进一步改进和完善。

（二） 环境法律关系客体——环境行为

环境法律关系客体理论同样是建立在法律关系客体理论基础之上的，既然笔者认为法律关系客体为法律行为，那么环境法律关系客体同样应该是相应的法律行为——环境行为。本书所谓的环境行为，又称环境法律行为，是指由环境法律规范所调整的，环境法律关系主体所从事的作为或不作为。对于环境行为的环境法律关系客体地位的理解，我们可从这样几个方面来把握。

首先，环境行为指的是经由环境法律规范调整的那部分与环境有关的行为。从广义上讲，环境行为包括日常社会中主体所从事的一切能够对环境产生一定影响的行为，但正如并非主体所有的行为都具有法律意义一样，并非所有的环境行为都被纳入环境法律规范调整范围，或者都有进行法律调整的必要，所以作为环境法律关系客体的环境行为，其首先要符合的条件是为环境法律规范所调整，具有相应的环境法律意义。这一点与法律行为的特点一样。

需要注意的是，环境行为的内容并不是完全确定的，因为在不同的历史时期和社会条件下，对环境的重视程度以及对人们环境行为（广义上的）之于环境影响的法律评价会有所不同。但可以肯定的一点是，随着人类社会越来越重视对生态环境的保护，对人与自然和谐相处的强调，有关的环境法律规范必将越来越完备，对人们环境行为的调整范围会不断扩大，调整的精细度也会不断提升，这就意味着将会有越来越多的涉及环境或对环境能够产生直接或间接影响的行为被纳入环境法律规范调整的范围，成为环境法律行为，即作为环境法律关系客体而存在。

其次，行为或环境行为作为环境权客体或环境法律关系客体的观点，是当前许多学者都认可的，不同的是，学者们对行为的理解有所不同，且更为重要的是，学者们没有注意到环境权客体和环境法律关系客体二者的区别，常将二者混为一谈。关于行为的环境权客体地位，吴国贵教授认为，行为主要指参加环境法律关系的主体对环境有影响的各种行为，简称环境行为，包括各种开发、利用、保护、改善和管理环境的行为，如排污行为、从事建设项目的行为等，即环境法的调整对象。而谷德近教授则认为，作为环境权客体的行为主要指的是国家行为。行为作为权利客体并非环境权理论的创新，在合同法中存在大量以行为为客体的合同类型，只是作为环境权客体的行为仅局限于国家行为而已。❶ 笔者对于吴国贵教授的观点表示赞同，而对于谷德近教授所主张的作为环境权客体的行为仅指国家行为则慎作保留。笔者认为，行为可以作为权利的客体而存在，环境权也不例外。环境权的主体包括自然人、法人和其他社会组织以及人类整体，所以就作为客体的环境行为而言，它不应该仅仅对应着主体中国家这一个公法人，而应该与所有的环境权主体相对应。因此，环境权客体所指向的行为应该包括所有环境权主体所实施的能够直接或间接对环境产生影响的行为。

再次，根据不同的标准或从不同的角度出发，可以将环境行为划分为不同的类型。其中，依据环境法律关系主体是否积极从事某种行为来看，可以将环境行为分为环境作为和环境不作为。其中，环境作为是指环境法律关系主体以积极主动的行为去享有或实现环境权利、履行环境义务、行使环境职权或者承担环境责任，而环境不作为主要体现在三个方面：一是环境法律关系主体所承担的不作为义务，如对于环境法律关系主体所享有的环境人身权和环境物权等具有绝对性质的环境权利，环境法律关系中的义务主体所要履行的一项基本义务就是不作为，即不要以自己的积极行为去干预甚至妨碍权利主体的环境权利；二是当环境法律关系主体为国家机关时，它们除了依法行使与环境监管或者保护等有关的职权外，不得以任何目的或理由去干涉其他环境法律关系主体所享有的环境权利或者相互之间的环境法律关系运行；三是当环境法律关系主体应当履行相应的环境义务或行使相应的环境职权而未履行或者行使，并对享有环境权利的主体的权利造成侵害或者有侵害之虞时，相应的环境义务主体或环境职权主体就应该因其环境不作为而承担相应的环境责任。此外，从环境行为的主体身份或属性来看，可以将环境行为分为环境公权行为和环境私权行为；从环境行为的合法性来看，可以分为环境合法行为和环境违法行为，等等。

---

❶ 转引自徐祥民、田其云等：《环境权——环境法学的基础研究》，北京大学出版社2004年版，第54、57页。

最后，环境行为之所以被视为环境法律关系客体，可以根据前文关于法律行为作为法律关系客体的原因加以分析。笔者认为，环境法律关系是将环境权利、环境义务、环境职权和环境责任等环境法律规范所规定的几项核心内容或基本规范转化为法律实践的根本途径，根据一般的法律关系理论，环境法律关系的产生、运行、变更和消灭的基本原因之一是环境法律行为，而环境法律行为又是环境法律关系中主体所实施的。因此，从外部视角看，环境行为是引起环境法律关系产生、运行、变更和消灭的基本原因之一，而从内部视角看，环境行为正是环境法律关系主体实现环境权利、履行环境义务、行使环境职权和承担环境责任的行为，是环境行为而非物或人身利益等将环境法律关系中的主体和内容有机地连接到一起，使环境法律关系真正得以运行。故而，我们主张，环境法律关系客体是环境行为而非其他。

三、环境法律关系客体之载体

（一）关于环境法律关系客体之载体内涵的阐释

本书所谓的环境法律关系客体之载体，亦可简称为环境法律关系客体载体，是指环境法律关系主体通过环境法律关系客体即环境行为所指向的客观环境要素，是环境法律关系内容所关涉的环境利益的承载者。对于环境法律关系客体载体的界定，可以从两个方面进行具体阐释。

一方面，环境法律关系客体载体不同于环境法律关系客体，但是二者之间有着密切的联系，甚至从某种意义上讲，正是由于环境法律关系客体载体的存在，才有了环境法律关系客体及其存在的意义。笔者认为，环境法律关系客体为环境行为，即环境法律关系主体为了自己的环境利益需求，依据环境法律关系内容及其设定的规范，所实施的作为或不作为。环境法律关系内容包括环境权利、环境义务、环境职权和环境责任，但无论何种类型的环境法律关系内容，都承载着或维护着主体的某种环境利益，只不过这些环境利益是以权利、义务、职权和责任等形式静态地予以记载，而在实践中，这些环境利益实际上又是通过一些具体的环境对象来体现的，如环境法学者所提到的大气、水、土壤和人文遗迹等，而这些环境对象恰恰也是环境行为在具体的实践过程中所针对或作用的对象，离开了这些环境对象，环境行为便失去了作用的对象，也失去了存在的意义。因此，从这个意义上讲，环境对象可以视为环境法律关系客体的载体，也即环境法律关系客体载体。

另一方面，环境法律关系客体载体是客观存在的，并能够从不同的方面满足环境法律关系主体的需求，由此，如果将行为从当前环境法学界所讨论的环境权客体的范围中去除，那么环境权客体与本书所谓的环境法律关系客体载体的范畴就具有了一致性。当然，持环境权客体一元论的学者所主张的环境权客体也可以视为环境法律关系客体载体。具体而言，笔者认为环境法律关系客体载体为能够满足或者可能满足主体某种环境利益需求的各种环境资源或环境要素，以及主体的环境非物质财富。

那么，该如何理解环境资源的范畴呢？对此，笔者赞同胡静教授的论述：对于作为环境权客体（在此等同于环境法律关系客体载体）的环境资源，需要从功能的角度，即环境资源对人的利益满足的角度或者说环境资源对人的功能的角度加以认识。在环境经济学上，环境资源可以分为物质性资源、环境容量资源、舒适性资源和自维持性资源。物质性资源，是指以其实体个别地为人类提供服务，通常以生产要素的形式直接进入人类的生产生活活动，为社会生产提供原材料。环境容量资源，是指大气、水、土壤、生物等环境单元构成的环境整体所允许承纳的污染物质的最大数量。舒适性资源，是指能够为人类提供舒适性服务，满足人类精神需求的自然环境资源。自维持性资源，是指存在于自然界之中并发挥着维护生态平衡，保持生态环境良性循环的生态功能。[1] 虽然胡静教授认为，对于人类直接有用的是前三类资源或者说资源的前三种功能。但笔者认为，包括自维持性资源在内的各种环境资源实际上是一个完整的系统，主体与环境发生交换活动或者主体的活动对环境产生影响时，虽然可能直接针对的是某种形式的环境资源，但对环境整体都会发生影响，理论上的划分只是为了研究和认识上的方便，实际上，任何形式的环境资源或环境要素都能够作为环境法律关系客体载体而存在。

---

[1] 转引自徐祥民、田其云等：《环境权——环境法学的基础研究》，北京大学出版社2004年版，第51页。

环境非物质财富又可称为环境精神财富，是与环境法律关系主体人身或精神密切相关的各种环境要素，如环境人身权的具体承载者——人身，在一些情况下环境非物质财富也包括环境知识产品。人身作为环境法律关系客体的载体，其目的是更好地保护环境法律关系主体的各种人身利益，如身心健康、对舒适环境的享受等精神利益。环境知识产品同样与环境法律关系主体的精神相关，它是环境法律关系主体基于自己的智慧所创造出来并通过某种物体或大脑所记载的知识成果。这些都是环境法律关系内容所要涵盖和规范的，也是环境行为所要指向的对象，因此它们可以作为环境法律关系客体载体而存在。

（二）客体载体理论对环境法律关系客体理论的重构意义

作为对环境法律关系主体理论的修正，前文在研究环境法律关系主体时曾提出环境法律关系主体载体理论。同样，为了更好地理解环境法律关系客体理论，尤其是理顺环境权客体与环境法律关系客体之间的关系，本书提出环境法律关系客体之载体理论，以此来改进和修正现行的环境法律关系客体理论。当然，这一努力在一定程度上也会对上位的法律关系客体理论形成相应的影响。理论上的探索与尝试无异于一种冒险，是需要勇气的，如同我们在提出法律关系主体载体理论时一样，法律关系客体载体理论肯定会遇到很多批评，或者在新理论创设和探索中本身就存在语焉不详、难以自圆其说的问题，但是无论对错，作为一种对法律关系以及环境法律关系理论改进和完善的尝试，这种理论思考或许还是有积极意义的。

笔者认为，环境法律关系客体载体理论的提出，至少理顺了这样两层关系：一是环境权客体与环境法律关系客体之间的关系；二是环境法律关系内部三个要素之间的关系。因此，从某种意义上讲，可以认为，环境法律关系客体载体理论的提出，在一定程度上重构了环境法律关系客体理论，修正和改进了环境法律关系乃至法律关系理论。

具体而言，环境法律关系客体载体的提出，理顺了环境权客体与环境法律关系客体的关系。之前，我国法理学界和环境法学界的许多学者都坚持认为，环境权客体与环境法律关系客体是相等同的，这种看起来似乎是共识的观点，其实并非经过严格论证的结果，而主要是理论借鉴和沿袭所得出的结论。当然，对于学界通常所认为的法律关系客体包括物、非物质产品和人身利益等观点，也有部分学者提出了质疑。例如，孙英伟教授指出："通说认为，对象等同于客体，认为对象即客体，客体即对象，笔者认为此种观点是错误的。从语义上看，标的是将箭投掷在箭靶上的意思，即向箭靶的中心投掷某物，这里强调的是行为及指向，因此，标的指的是行为指向的对象。笔者认为，人的行为是法律关系的客体，而行为的所指才是法律关系的对象。"❶由此，她进一步指出，行为是人与权利的中介，是法律调整的对象，是人与法律打交道的唯一领域。物、智力成果和人身利益等是行为的对象或标的，而非法律关系的客体。

笔者认为，孙英伟教授非常敏锐地意识到了权利客体与法律关系客体之间的区别，指出了物、智力成果和人身利益等本身无法与法律直接发生关系，只能是行为的对象，而行为的对象不等于环境法律关系客体，因为环境法律关系客体是环境法律关系主体和环境法律关系内容所共同指向的，能够将二者实现有机连接从而推动法律关系正常运行的事物。显然，物、智力成果和人身利益等权利客体无法做到这一点，只有行为可以。而且，物、智力成果和人身利益也正是通过行为来进入法律关系运行之中的。因此，行为才应该是法律关系客体。孙英伟教授准确地剖析了法律关系中权利客体与法律关系客体之间的区别和关联，只不过她未能进一步从理论上来抽象出权利客体与法律关系客体之间的关系，也即未将权利客体视为法律关系客体的载体。

其实，法律关系客体载体理论可以解释现实中的一些法律现象，解答法律实践中曾给我们带来的困惑。绵延不断的土地、河流等在物理意义上是一物，法律上人为地将其登记为数宗财产，归属于不同的法律主体；一片土地上有土地所有权、土地使用权、地役权（或称邻地利用权）及地表上下之空间权等并存，形成这块土地上的权利群或权利束；一幢建筑物可区分为单元、楼层及房间而由不同的人获得专有部分的所有权及共用部分的共有权；法人财产权或法人所有权概念，通常认为指法人对其所有的动产、不动产及知识产权、债权等财产的"集合体"享有的一种综合性权利或"财团所有权"。夫妻或家庭共有财产所有权，通常也认为是家庭所有的全部财产作为整体而享有的一

---

❶ 孙英伟："法律关系客体析疑"，载《河北师范大学学报》（哲学社会科学版）2010年第6期，第20页。

个所有权。立法上承认典权是一种用益物权，允许典权人于典期内将典物再行典当，从而在同一物上并存原典权人的典权与转典权人的典权两个典权。数项财产共同作为抵押物一并设定抵押权，企业则可将其不同种类所有的财产作为集合体设定"企业担保"或"财团抵押"。一物之上设定数个抵押权，动产之上发生抵押权与质权、抵押权与留置权并存甚至一项动产之上还可能发生原质权与转质权、留置权与留置权并存的情况。这些貌似一物多权的现象，实则是对"物"的理解上的分歧，若理解为中国春秋时期诸子百家中的概念为中心名家所谓的"实"，就通顺了。

　　在此，我们还可以引用德国著名法学家耶林的例子来论述法律关系客体载体理论的合理性。耶林在吉森大学任教期间积极参与判决委员会会议，即法学院判决委员会。其间，耶林 1844 年出版的《罗马法论文集》中的观点认为，某位将同一个奴隶出卖两次的卖者有权在奴隶意外死亡后向两个买受人同时请求支付价金。时隔 15 年后的 1858 年冬天，另一个真实的一物二卖案件呈现在耶林面前，那是一艘价值高昂的船。一审法院依据耶林以前的观点判决出卖人胜诉，二审法院则持相反观点。此案送到吉森大学法学院，要求出具鉴定意见。耶林从自己过去的观点出发所推导出的结论与他当时的法感格格不入，这使他内心极度痛苦。耶林说："在我的生命中，没有哪个案件像这个案件那样，让我陷入如此的恐慌——说陷入困窘还不足以形容我的心情。如果理论的迷途通常会招致惩罚，那么当时这种惩罚以极大的程度施加到了我身上。当我要适用涉及利害当事人的观点时，我内心的全部法感以及我身上的全部法律脉搏都起来反对我。而另一方面，我好几个星期都找不到让我的法律良知平静下来的办法。""有一些时候，我真希望所有法律的东西——至少我们以前那些旧的理论——都滚得远远的。这里面根本就有太多不健康的东西。如果我可以重新选择我的职业，我一定不会当法律人，至少不会当一个罗马法学者，或者说根本不会去当一个理论家。"❶ 耶林为什么那般痛苦呢？因为他发现自己曾经坚信的法律理念错了。而根据我们的法律关系客体载体理论，

---

❶　[德] 鲁道夫·冯·耶林：《法学的概念天国》，何伟才、于庆生译，法律出版社 2009 年版，第 13~15 页。

一物二卖实际上就等于在一个载体之上确认两个所有权，这是违反一物一权原则的。

环境法律关系理论建立在法律关系理论基础上，学者们也都是遵循这一逻辑关系来展开环境法律关系研究的，并将环境权客体与环境法律关系客体相等同，显然这是有问题的。而环境法律关系客体载体理论的提出，将环境权客体（不包括环境行为）视为环境法律关系客体的载体，这样既准确区分了环境权客体与环境法律关系客体之间的不同，又将二者有机地联系到一起，实现了理论上的改进。

环境法律关系客体载体理论的提出，还在很大程度上理顺了构成环境法律关系三要素之间的关系，使环境法律关系得以顺畅运行。将环境权客体从环境法律关系客体中分离出来，使环境行为真正成为环境法律关系客体，这样可以有效地将记载于文本中的环境法律规范付诸实践，也即将环境法律规范的核心内容和目标——环境权利、环境义务、环境职权和环境责任，经由环境法律关系使其发生实际效力。而推动这一目标实现的关键在于环境法律关系中主体的环境行为，正是主体的环境行为，一方面导致了环境法律关系的运行（包产生、运行、变更和消灭），另一方面实现了环境法律关系内容的动态化，从而满足了环境法律关系主体的利益需求。总之，环境法律关系客体载体理论的提出，使环境法律关系主体、内容和客体三者有机联结，并实现了真正的动态运转。

综上所述，笔者认为，尽管环境法律关系客体载体理论的提出仍然存在许多需要进一步思考和改进的地方，但是由于这一理论的提出能够更好地理顺环境权客体与环境法律关系客体的关系，以及环境法律关系三个要素的关系，所以我们可以说，环境法律关系客体载体理论的提出在某种程度上修正并重构了环境法律关系客体理论，具有一定积极的理论意义。

第五章　如何构建和谐的 环境法律关系

在对环境法律关系的价值追求及三个构成要素进行分析之后，接下来要就如何构建和谐的环境法律关系进行思考，并提出相应的建议。如果说对环境法律关系价值定位和三要素的分析主要体现了本书的理论意义，那么如何构建和谐的环境法律关系则反映了本书的实践价值。为此，本书将主要从实体性构建和程序性构建两方面进行论述。其中，实体性构建是指从环境法律关系的三个构成要素即环境法律关系主体、内容和客体的角度来思考，如在构建和谐的环境法律关系中环境法律关系主体应该持有怎样的价值理念，法律应该怎样设定环境法律关系主体之间的权利、义务、职权和责任关系，最终体现到主体的环境行为中去等。程序性构建主要是从程序的视角，就环境权利的保护和环境职权的规范行使这样两个角度进行思考，并提出相应的建议。

一、和谐环境法律关系的实体性构建

（一）环境法律关系主体应确立和谐的观念

不管是否承认主体与客体的二分法，或者对环境法律关系主体持怎样的理解，法律主体（我们所说的主体的载体）——人或人的组织，在生态保护或者和谐的环境法律关系构建中，都发挥着主导性的或者决定性的功能。对此，即使是坚守非人类中心主义的学者也不得不承认主体或者人类中心主义的重要性。人作为自然界有史以来最完备的一种生化系统，至少到目前为止，仍被视为万物之灵长，特别是现代，他们在处理人与自然关系方面显然处于最为主动和积极的位置。张峰教授作为非人类中心主义的倡导者，也不得不承认："如果方向正确，人类中心主义者一定会比非人类中心主义者更有激情，更有创造性，也更富有成效……一言以蔽之，人类中心主义是社会进步的发动机，它勇猛精进生生不息，非人类中心主义者应当责无旁贷地把握好社会发展的方向舵，使人类通过与自然的和谐、交融，在理解与默契的气氛中相依为命。"❶

笔者不赞同人类中心主义和非人类中心主义之间的纷争和纠缠，无论是人类中心主义还是非人类中心主义，人类始终应该是创造和维护一种和谐的人与自然之间关系的关键。从微观的角度即从环境法律关系的层面来看，环境法律关系将环境法律规范中所规定的有关人与自然之间关系的内容付诸实践，形成某种秩序或者状态，在这种情况下，人类不再是一个抽象的类概念，而是一个个鲜活而具体的个体或者由个体所结合而成的各种形式的社会组织。作为环境法律关系主体的人，他们既是环境法律规范的制定者或者制定的参与者，又是环境法律规范的实施者和利益相关者，因此他们持有怎样的环境伦理观念或者以怎样的价值作为环境法律规范的价值追求，对于环境法律关系的最终运行状态和结果至关重要。故笔者认为，要想建构和谐的环境法律关系，首先要从环境法律关系主体入手，即环境法律关系主体应该首先确立正确的环境伦理观或环境法价值追求。根据前文研究，和谐共生是基本的环境伦理，包括公正、安全、福利和效益等具体价值在内的和谐价值体系，其所蕴含的和谐理念，应该是环境法律关系主体首先要确立的伦理和价值观念。

环境法律关系主体的环保意识或者生态文明观对于构建和谐环境法律关系非常重要。然而，正如有学者分析的那样，"受历史原因和现实因素的影响，污水乱泼、垃圾乱倒、浪费资源等现象比比皆是。尤其是在农村，自给自足的小农经济意识和农耕文化观念浓烈，加之广大农民受教育程度较低，人们普遍缺乏保护环境的自觉意识"❷。对此，我们还可以通过一组数据来展示，中国城市环境卫生协会副理事长陶华曾透露，2009 年全国 600 多个城市共清理垃圾 1.6 亿吨，县城的生活垃圾 8000 多万吨，农村的生活垃圾多达 1.5 亿吨；此外，截至 2010 年 10 月，我国每年产生近 10 亿吨垃圾，并且从全国总体来看，

---

❶ 张峰：《自然的权利》，山东人民出版社 2006 年版，第 140～141 页。
❷ 张志刚、周才云："和谐社会视角下的生态文明建设"，载《理论探索》2011 年第 1 期，第 97 页。

垃圾无害化处理设施还有很大缺口。❶ 我们认为，城市与农村的生活垃圾问题，不是一个单纯的技术或者设施问题，更与人们的环保意识和生态价值观有直接关系。无论走在农村的阡陌还是城市的街道上，我们时常会看到随处乱扔的垃圾，这显然主要不是垃圾设施的问题，而反映了人们环境保护意识严重不足，和谐的环境伦理和生态价值观念尚未确立。

从法律意识的角度来看，和谐理念属于主体法律意识的范畴。环境法律关系主体持有怎样的法律意识，对于其理解和实施环境法律规范有着直接的影响。由于法律意识主要属于主体的心理范畴，它的形成与改变都很难在短时间内完成。尽管我国传统文化思想中，和谐理念早已确立，可以视为我们文化中的特色理念之一，然而时至今日，在一般民众的意识观念中，和谐理念究竟是什么，以及应该如何正确地践行这一理念，却没有一个清晰和系统的认知。不仅如此，在我们的文化传统以及人们的思想观念中，和谐与竞争又是一对矛盾存在。当人们在面临现实中日益严峻的生存与生活局面时，争夺与索取则成为人们主要的意识观念，和谐理念则被放到了次要的位置甚至被忽视。因此，就我国当前情势而言，要让环境法律关系主体确立和谐理念仍有很长的一段路要走。

当然，任何一种意识观念都不是固定不变的，况且在当前建设社会主义和谐社会的宣传与努力下，人们逐渐意识到了环境保护的重要性，和谐的法律价值理念已经潜移默化地植入人们的头脑之中。所以，对于环境法律关系主体而言，确立和谐的理念并不是一件难以企及的事情。只不过，作为理论研究者，我们需要从理论上来更好地阐释清楚和谐理念的内涵，以及在各种具体的法律规范中应该如何予以体现，将和谐理念贯彻到立法、司法、执法和守法等法律实施的各个层面。

例如，对于和谐理念在人与环境关系中的体现，我国著名法理学家徐显明教授通过阐述和谐权，做过这样的论述："和谐涵指人与自然的和谐、人与人的和谐、作为个体的人身与人心的和谐三重要素。……人在友好的环境中生存与发展，是和谐权对国家与他人提出的新要求。

---

❶　"城乡环境污染威胁公众健康"，载 http：//finance. workercn. cn/c/2010/10/17/1010 170807522276602229. html，2010 年 10 月 17 日访问。

和谐权的提出，将改造现有的权利义务关系。我们现在所拥有的生态、环境和资源不是从祖先那里继承下来的，而是从子孙那里借来的。要把对自然的权利观转化为义务观。这是达到天人合一这一人类最高生活境界的伦理基础。"❶ 笔者认为，徐显明教授所论及的和谐权，实际上是对和谐理念的具体阐述，是和谐理念具体到权利或者制度层面的表现。这对环境法律关系主体确立和谐理念及意识，具有极为重要的借鉴意义。

（二） 以环境法律关系内容来规范主体的环境行为

环境法律关系主体确立和谐理念对于建构和谐的环境法律关系具有重要意义，但它只是迈出了和谐环境法律关系建构的第一步，接下来需要我们从法律规范的层面予以具体的表征，并对现行的与和谐理念不符的法律规范进行全方位的修正。对此，有学者论述道："和谐理念要求法律领域开始一场转变，从精神上和从运作上：要求人类以非破坏性方式开发、利用大自然，主张和平、谨慎占用，和平、谨慎开发，和平、谨慎利用，反对强暴占有、强暴开发、强暴利用，是环境法所追求的对待自然的行为模式，它与竞争这一行为模式形成对照。"❷ 笔者赞同这一论述，认为和谐理念不应仅停留在理念层面，而应该具体地落实到或体现在环境法律关系各要素之中。除了环境法律关系主体要确立和谐理念并以此来指导自己的环境行为之外，环境法律规范也应该对和谐理念予以具体承载，并通过环境法律关系对环境法律规范的适用，将已经体现于环境权利、环境义务、环境职权和环境责任等之中的和谐理念付诸实践。或者说，将和谐理念寓于环境法律关系内容之中，以此对环境法律关系主体的环境行为形成规范和约束，和谐的环境法律关系也将由此得以建构。

首先，环境权利的设置与分配要体现和谐理念，这是建构和谐环境法律关系的基础之一。环境权利作为环境法律关系的基础性内容，它在调整和规范环境法律关系主体的环境行为方面发挥着基础性的作用。绝大多数情形下或者绝大部分环境法律关系都是围绕着环境权利来运行的，即为了实现或者保障环境法律关系主体的环境权利而形成

---

❶ 徐显明："和谐权：第四代人权"，载《人权》2006 年第 2 期，第 31 页。
❷ 吕忠梅主编：《超越与保守——可持续发展视野下的环境法创新》，法律出版社 2003 年版，第 38~39 页。

各种环境法律关系，并推动环境法律关系的运行。环境权利的设置与分配主要有两种方式，或由环境法律规范予以规定，或由环境法律关系主体之间进行约定。其中，环境法律规范的规定是环境权利配置的基础性机制或者第一性机制。所以，国家立法机关在制定或修改有关环境法律规范时，应该在和谐理念指导下，根据环境行为的实践状况以及环境保护的需要，科学合理地配置环境权利。一旦立法上对环境权利的配置出现了问题，如赋予部分环境法律关系主体过多的环境权利，或者剥夺了部分环境法律关系主体的环境权利，出现了立法上的不公现象，就会导致环境权利在实践中出现问题，和谐环境法律关系也就难以真正构建。

　　基于此，笔者认为，环境权利确实不应单纯作为一种民事权利，而应该上升到一种基本权利的高度，即应该将环境权同时视为一种宪法性权利。只不过，环境权的实现主要通过民法、刑法、行政法和诉讼法等具体的部门法来完成，这与公民的选举权和被选举权、政治权利和自由以及人身自由等权利或自由的性质是一样的。宪法的核心价值追求是维护人的尊严，满足人的利益需求，从而维护良好的人类秩序。从这个意义上讲，环境权的价值追求与宪法价值之间是相通的。对于环境权与宪法核心价值之间的关系，张震教授论述道："不管是克服生态危机所带来的负面效应，还是满足人们日益增长的生活需求，环境权都与'人'的因素密切相关，环境权正是为了破解人类可持续发展中存在的难题，是为了人类更有'尊严'地在生物学意义和社会学意义上的延续，从此意义上说环境权与宪法的核心价值具有内在契合性。"❶ 因此，立法者在配置环境权利时，应该从宪法、基本法律、法律、行政法规和地方性法规以及规章等各个层面予以系统规定，使之具有条理性、体系性，避免环境权利的立法冲突。同时，要贯彻好权利平等这一基本的立法原则，使环境权利在不同的主体之间得到科学合理的分配，并在环境权利受到侵害或者有侵害之虞时，都能获得及时有效的保护和救济，这是构建和谐环境法律关系的基本前提或基本要求。

　　其次，环境义务的设定也要体现和谐理念。环境义务与环境权利

---

❶　张震：《作为基本权利的环境权研究》，法律出版社 2010 年版，第 2 页。

一样，都是环境法律关系的基础性内容。在某些情况下，环境义务甚至要比环境权利重要，在一些场合中，环境权利似乎是模糊的，但不对环境造成侵害或者对他人的环境权利形成侵害等这样基本的环境义务则是清晰的。并且，从保护生态环境的角度讲，人们更应该注重履行自己的环境义务，而不是去争夺各种环境权利。因为，如果各环境法律关系主体都严格履行自己的环境义务，那么各自的环境权利也就获得了真正的保障和实现。这也是为什么有的环境法学者主张环境法领域或者在进行环境法立法活动时，应该坚持义务本位的原因所在。

笔者认为，与环境权利相比，环境义务确实没有获得相应的重视。而实际上，于环境保护而言，环境义务确实更显重要，尤其是当环境法律关系主体为人类整体时，环境权利的实现不是依靠人类整体的行为，而主要是通过各自然人、法人或其他组织的环境义务的履行来实现的。再者，根据权利和义务相对等以及权利的实现要借助于义务的履行等这些基本法理，环境义务的重要性的确不亚于环境权利。当然，环境权利和环境义务只是同一个问题的两个相对应的方面，两者不可偏废。因此，为了更好地构建和谐的环境法律关系，在进行环境立法以及环境司法等过程中，应该注意平衡好环境权利和环境义务的关系，根据环境行为实践的特点来设定不同环境法律规范条款，使其更好地作用于环境法律关系主体的环境行为。

再次，环境职权的设定与行使，要以维护和实现和谐理念为根本追求。环境职权是有关国家机关尤其是环境行政机关为了保护生态环境所依法享有和行使的公共权力与职责。环境职权的设定是为了更好地保护生态环境，将那些无法通过个体或者组织来承担的环境义务交由相应的国家机关，从社会公共利益的立场去协调和调整环境法律关系主体之间的环境行为关系。这样，可以矫正部分非公法人的环境法律关系主体为了各自局部的环境利益，相互串通或勾结，损害其他主体的环境权利或者人类整体的环境权利。因此，环境职权的设定与行使目的是保障环境法律规范得到更好的遵守，并且为有关环境法律关系主体提供相应的公共服务，以此来保障和促进和谐环境法律关系的形成。

其实，某些环境职权的行使并不必然要交由有关国家机关，当今世界，许多国家各种各样的环保协会或者环保组织也可以承担部分环境保护权能，这样做可以保障环境职权在国家和社会之间得到合理的分配，目的都是更好地发挥环境职权的效能，更好地保护环境。对于我国有关环境行政机关而言，要想更好地建构和维护和谐的环境法律关系，今后至少要做好两点：一是环境行政机关的职权恰当定位，应该逐步由一个管理者或命令发布者的角色向服务者和平等参与者的角色转变，环境行政机关不应该有私自的环境利益追求，尤其不能以损害其他环境法律关系主体的利益来实现自己的利益，应该以更开放的姿态以及正确的服务理念参与到环境保护活动中，正确地看待和行使法律所赋予的环境职权；二是要逐步将自己所享有的部分环境职权交由社会中的有关环境公共组织来行使，重视社会权力在环境保护以及和谐环境法律关系建构中积极作用的发挥。

最后，环境责任的设置与承担要以保障和恢复和谐环境秩序为基本目标。环境责任主要针对环境义务和环境职权而设定。我们当然希望有关环境法律关系主体能够依照法律规定行使自己的环境职权或履行环境义务，或者完整地履行约定的环境义务，然而，现实中肯定存在违法或违约现象，有关环境义务也未能充分履行。这就需要环境责任机制来矫正，让那些违法或违约的环境法律关系主体承担相应的环境责任。这样，一方面实现了对环境权利的救济，在一定程度上恢复了正常的环境法律关系的运行秩序；另一方面，对其他环境法律关系主体也形成警示，发挥环境法律规范的教育和指引功能。因此，立法者应该在设定环境义务和环境职权的同时设定相应的环境责任，而环境法律规范的适用者也应该在出现未依法行使环境职权或履行环境义务的现象时，及时地予以干预，使环境责任得到落实，使正常的环境法律关系秩序得到恢复。由此可见，环境责任是建构和谐环境法律关系的重要保障，需要给予应有的重视。

二、和谐环境法律关系的程序性保障

（一）环境权利程序性保障和救济机制释义

法治建设的核心是保障公民的私权利和限制政府的公权力，这一原理同样适用于和谐环境法律关系的建构。本书将环境法律关系主体所享有的环境权利视为一种私权利，而将环境法律关系主体中公法人依法所行使的环境职权视为一种公权力。无论是私权利的保护还是公权力的规范与限制，都需要借助相应的程序性制度。因此，如何完善环境权的救济程序或救济机制，以及如何从程序上规范和限制环境职权的行使，便成为和谐环境法律关系程序性构建或保障的两项基本内容。

环境权利是环境法律关系的基础性或核心内容，建构和谐的环境法律关系必须处理好环境法律关系主体之间的环境权利关系，完善环境权利的救济程序和救济机制，注重对环境权利的保护。对于环境权利的含义，一些学者主张，环境权包括实体性权利和程序性权利两大类。其中，程序性权利具体包括环境知情权、环境立法参与权、调解请求权和环境诉权等具体的内容。笔者认为，环境权利主要是一项实体性权利，它包括环境人身权和环境财产权两大类，所谓的环境程序权实际上是环境实体权利的延伸，是对环境人身权和环境财产权的保障和救济机制。因此，笔者主张，将所谓的环境程序权纳入环境权利救济机制的范围，通过完善环境权救济机制来更好地实现对环境权的保障。

我国环境法律规范性文件中对环境权利的救济机制已作了很多规定，基本上形成了相对完整的环境权救济体系。例如，《环境保护法》第6条规定："一切单位和个人都有保护环境的义务。地方各级人民政府应当对本行政区域的环境质量负责。企业事业单位和其他生产经营者应当防止、减少环境污染和生态破坏，对所造成的损害依法承担责任。公民应当增强环境保护意识，采取低碳、节俭的生活方式，自觉履行环境保护义务。"第64条规定："因污染环境和破坏生态造成损害的，应当依照《中华人民共和国侵权责任法》的有关规定承担侵权责任。"第69条规定："违反本法规定，构成犯罪的，依法追究刑事责任。"此外，《大气污染防治法》、《固体废物污染环境防治法》、《海洋环境保护法》和《环境噪声污染防治法》等法律中都有类似的规定。对于这些规定，本书并不将其视为环境程序权而是作为环境权利的保障或救济机制来对待。此外，《大气污染防治法》、《固体废物污染环境防治法》、《海洋环境保护法》和《环境噪声污染防治法》等法律中都有类似的规定。对于这些规定，本书并不将其视为环境程序权而是作为环境权利的保障或救济机制来对待。

从广义上讲，环境权利保障和救济机制既包括环境权利的实体性规定，也包括环境权利的程序性保障和救济制度，还包括规范环境职权的各项程序性制度。一般意义上的环境权利保障和救济机制则是指环境权利的程序性保障和救济制度，具体包括为了更好地实现和保障环境权利而设定的一些程序性制度，如环境立法参与权、环境执法参与权、环境知情权和环境监督权等，以及对于环境纠纷或侵权的处理和救济性程序或机制，如环境纠纷调解机制、环境侵权的赔偿机制和环境诉讼机制等。狭义的环境权利保障和救济机制仅指对环境纠纷或侵权的处理和救济性程序或机制。

本书所指环境权利程序性保障和救济机制，主要包括三个方面的含义：一是在一般意义上为了更好地保障环境权利的享有及其实现所建立的环境权利保障机制，这种机制主要针对或解决环境权利受到侵害之前如何通过法律的制度性安排来保障环境法律关系主体享有并实现环境权利的问题；二是与环境侵权相关的环境权利救济机制，即通过怎样的程序性制度的建立，来保证侵害环境权利的行为得到制止以及被侵害的环境权利能够得到恢复的救济性措施；三是当环境法律关系主体中存在有关国家机关时，如何规范或者限制其环境职权部门，避免因其环境职权的行使而对环境权利的享有和实现带来负面的影响甚至侵害。总之，本书所讨论的环境权利程序性保障和救济机制主要是从程序的角度来界定的，围绕和谐环境法律关系的程序性构建展开。

（二）环境权利保障机制

关于环境权的保障，目前大多数国家和地区的法律都采用相对保障模式，即环境权利不同于人民的自由权，自身不具有直接的、可执行的效力，从而无法直接获得法院的保护。之所以如此，与环境权利本身的含义比较抽象，环境权主体、客体和内容等基本问题存在广泛争议，以及实现方式本身不同于传统的自由权等原因有关。为此，自1992年里约会议开始，国际环境法开始转向对环境知情权和参与权等程序性保障机制的研究。1998年联合国欧洲经济委员会在丹麦奥胡斯市通过《在环境事务中获得信息、公众参与决策和诉诸司法的公约》，将这方面的国际立法推向了高峰。[1] 这种国际法上的转向对国内法产生了较大的影响，环境知情权和参与权等环境权程序性保障机制正受

---

[1] 吴卫星：《环境权研究——公法学的视角》，法律出版社2007年版，第132页。

到越来越多国家的重视。

在中国，也有许多学者从最初着重对环境权利的实体性内容研究转向对环境权程序性保障的研究，如著名的环境法学者吕忠梅教授，对环境权的民法保护进行了较为系统的研究。在《沟通与协调之途——论公民环境权的民法保护》一书中，吕忠梅教授考察英美法系和大陆法系国家有关环境法保护的理论基础后，提出在我国架构环境权民法保护体系的问题。"关于环境权的民法构造是将现有的民法制度与生态化的民法制度进行整合的过程，这个过程应包括两个环节：一是对现行民法制度中可能关系到环境资源开发利用内容的部分进行生态化解释或对接；二是对于现行民法制度中没有的但环境资源保护确有需要并且可能的内容建立新的制度体系。"❶ 当然，认真研读吕忠梅教授的有关论述会发现，她也是在实体和程序两个层面来构建环境权的民法保护体系的。尽管如此，其环境权民法保护体系构造的思路，仍然值得我们借鉴。我们在研究和构建环境权利保障机制时，既要注重对现有的相关程序性机制的整合，也要针对环境权利的特点设计或建立新的程序性机制。

在环境权利保障机制体系中，环境知情机制和环境参与机制是最为基本也是最为重要的两项。当然，我国许多环境法学者的论述大多将这两项机制作为环境程序权来讨论，亦即所谓的环境知情权和环境参与权。本书则将二者视为两项基本的环境权利保障机制。

环境知情机制建立在知情权基础之上。一般认为，知情权有广义和狭义之分，前者涵盖公法与私法各个领域，后者仅指公法上的知情权。以权利的实现是否必须有义务人直接的积极行为为标准，公法上的知情权又可分为"知情自由"和"知情权利"。前者在日本也被称为"信息领受权"，是指公民、法人及其他组织根据法律规定，不受妨碍地获得国家机关的信息的自由；后者在日本也称为"信息公开请求权"，指公民、法人及其他组织根据法律规定，向特定的国家机关请求公开其信息的权利。❷ 环境知情权又称为环境信息权，它在公民环境权的保障中发挥着特殊的作用。一方面，公民获取信息是对政府

❶ 吕忠梅：《沟通与协调之途——论公民环境权的民法保护》，中国人民大学出版社2005年版，第109页。

❷ 刘杰：《知情权与信息公开法》，清华大学出版社2005年版，第53～56页。

进行有效监督的前提，环境信息的公开有利于监督政府依法行政，减少政府因决策错误而直接侵犯公民环境权的可能性；另一方面，环境知情权是公众有效参与环境决策的前提，有利于提供民众的环境意识，有利于形成政府与民众的沟通与合作机制，从而促进环境保护工作的有效开展。因此，从这个意义上讲，环境知情权与保障机制意义上的环境知情机制是可以互换的，并且，环境知情权以及其中所包含的程序性要求，也是规范政府有关机关环境职权行使的重要机制。此外，笔者认为，环境知情机制还存在于环境债权关系（主要指环境合同）当中，环境法律关系主体的权利一方为了保障自己的环境权利，可以要求义务主体一方提供与环境债权有关的、可能影响到自己环境权利实现的相关信息。

公众参与是近年来民主政治发展的一个重要潮流。反映到环境法领域，便是环境法从制定到实施，都要改变过去那种相对封闭的工作模式，充分保障公民对环境法律运行的参与权利。环境公众参与机制就是在这样的背景下建立和盛行起来的。这一机制的确立，对于提高环境决策的品质和公众的环境保护意识，对于促进环境法律关系主体中政府与人民在环境保护事务中的合作，以及对保障公众的环境权利，都发挥了重要的作用。从公众参与环境保护的历史进程来看，大致可以分为三个阶段：第一阶段是 20 世纪 70 年代以前，公众参与主要是采取集会、游行、抗议和请愿等方式，环境保护运动基本上处于相对松散的状态，并未形成政治力量；第二阶段是 20 世纪 70 年代至 90 年代初，要求参与的公众开始形成政治力量，特别是形成有政治影响的 NGO 或政党，而且，公众参与逐步法律化、制度化；第三阶段是 20 世纪 90 年代以后，公众参与环境保护成为大多数国家的共同做法，并通过立法特别是环境保护基本法或者环境影响评价法加以明确规定，公众参与走向具体化。❶

当前，环境公众参与机制主要包括社会公众对环境立法、环境司法、环境执法以及与环境保护有关的其他公权力行为和社会性行为。关于环境公众参与机制，我国也有相应的法律条款，如《宪法》第 2

---

❶　李艳芳：《公众参与环境影响评价制度研究》，中国人民大学出版社 2004 年版，第 41 页。

条第 3 款规定:"人民依照法律规定,通过各种途径和形式,管理国家
事务,管理经济和文化事务,管理社会事务。"这可以视为我国环境
公众参与机制的宪法性依据。《立法法》第 5 条规定:"立法应当体现
人民的意志,发扬社会主义民主,保障人民通过多种途径参与立法活
动。"这为我国公民参与到环境立法中来提供了立法依据。此外,为
了进一步规范公众参与环境影响评价制度,国家环保总局于 2006 年 2
月 14 日颁布了《环境影响评价公众参与暂行办法》(以下简称《办
法》)。这是我国第一部具体规定公众参与公共事务管理的部门规章,
也是我国环境保护领域第一部从国家层面规范公众参与的规章。《办
法》中规范了环境影响评价中的环境信息公开制度,有效地保障了公
众的环境知情权,同时还具体地规定了公众参与的组织形式和参与阶
段等主要问题,这些都为我国公众参与环境保护工作提供了具有可操
作性的制度性依据。

(三) 环境侵权与救济机制

一般认为,环境权的救济是与环境侵权联系在一起的。关于环境
侵权的含义,环境法学界有着不同的表述。曹明德教授认为,环境侵
权"是指因行为人污染环境造成他人财产权、人格权以及环境权受到
损害,依法应承担民事责任的一种特殊侵权行为"[1]。陈泉生教授认
为,环境侵权是指"因人为的活动,致使生活环境和生态环境遭受破
坏和污染,从而侵害相当地区多数居民的生活权益或其他权益的事
实"[2]。王明远教授则认为,环境侵权是指"因为产业活动或其他人为
原因,致使自然环境的污染或破坏,并因而对他人人身权、财产权、
环境权益或公共财产造成侵害之虞的事实"[3]。应该说,这些界定基本
上揭示了环境侵权这个概念的基本内涵,只是由于界定的视角不同,
所以也都存在相应的偏颇。

笔者认为,所谓环境侵权是指因环境法律关系主体(人类整体除
外)的环境行为对自然环境或人们的生活环境带来了负面影响,从而
对环境法律关系主体的环境人身权或环境财产权造成侵害或者有侵害
之虞的一种特殊侵权行为。从该界定我们可以看出,环境侵权的主体

[1] 曹明德:《环境侵权法》,法律出版社 2000 年版,第 18 页。
[2] 陈泉生:"环境侵权概念初探",载《政法学报》1994 年第 2 期。
[3] 王明远:《环境侵权救济法律制度》,中国法制出版社 2001 年版,第 13 页。

不限于自然人、法人和其他社会组织等一般的民事主体，还包括国家机关等公权力主体，侵害的对象既可以是具体的环境法律关系主体，如特定的自然人、法人或者其他社会组织等，也可以是不特定的对象或群体，还可以是人类整体，侵害的权益是环境法律关系主体依法享有的环境人身权或者环境财产权。

要想构建和谐的环境法律关系，就应该建立一套环境权救济机制，对被侵害的环境权利主体的环境权益实施救济，通过环境赔偿或者补偿等制度及向相关程序机制的建立和完善，来恢复正常的环境法律关系中主体之间的法律秩序。提到环境法领域的权利救济机制，人们往往首先想到的是环境公益诉讼，我国环境法学者也大多从这一层面来探讨环境权救济机制或环境司法问题。其实不然，与环境侵权相关的救济机制不限于环境公益诉讼制度，它还包括任何环境法律关系主体针对其他有关环境法律关系主体侵害自己环境权利，或者可能对自己环境权利造成侵害的环境行为所提出的各种民事、刑事或行政诉讼制度，以及其他相类似的能够对环境权利形成救济程序性机制。其中，最主要的救济机制是环境权诉讼机制，包括环境权私益诉讼和环境权公益诉讼两大类。

长期以来，环境权并未获得程序性救济，环境权的可司法性问题一直被否定或搁置。对此，吴卫星教授曾分析道："环境权作为经济、社会权利的一种，虽然已被许多国家和地区载入宪法，但由于受传统自由权、社会权两分法的影响，一般均将其理解为'纲领性规定'或者是'抽象性权利'，不能直接以环境权受到侵害为由寻求诉讼保护。"❶ 可以认为，这其实是对环境权的一种误解。我们在前文分析过，环境权包括环境人身权和环境财产权，环境法律关系主体也是复合的，环境权的实现可以通过不同的法律关系来完成。如果在此过程中环境权受到了侵害或者存在侵害之虞，环境法律关系主体就可以借助相应的诉讼机制进行法律救济。

例如，环境人身权是自然人的基本权利之一，任何侵害环境人身权的行为都应该是可诉的行为。公民（自然人）在其环境人身权受到侵害时或者有侵害之虞时，有权依据相应的民事或行政诉讼程序寻求

❶　吴卫星：《环境权研究——公法学的视角》，法律出版社 2007 年版，第 163 页。

司法救济。环境财产权中又包括环境债权，而环境债权可以通过两个或多个环境法律关系主体之间以环境合同的方式来实现，环境法律关系各主体之间在环境合同中约定相互间的环境权利和环境义务，如果环境义务的承担者未能充分履行其义务或者存在其他违约行为给对方的环境权利造成侵害或有侵害之虞，环境权利的享有者同样可以通过民事诉讼的方式来寻求救济。诸如此类为实现或保障自然人、法人或其他组织环境权利的诉讼机制便是环境私益诉讼，属于环境权救济机制的范畴。

环境公益诉讼是环境法学界研究的热点问题之一。所谓环境公益诉讼，"是指社会成员，包括公民、企事业单位、社会团体依据法律的特别规定，在环境受到或可能受到污染和破坏的情形下，为维护环境公共利益不受损害，针对有关民事主体或行政机关而向法院提起诉讼的制度"❶。根据环境侵权者或者违法者是否要承担刑事责任，可将环境公益诉讼具体分为环境刑事诉讼和一般环境公益诉讼两大类，学界在讨论环境公益诉讼时多指第二类即一般环境公益诉讼。与环境私益诉讼最主要的区别在于，环境公益诉讼的目的是维护人们的公共环境利益以及人类整体环境权，而不单单是某个人的私益。对于环境公益和环境私益的联系和区别，张峰教授指出："环境公共利益并非社会个体成员环境利益的总和，一方面，社会个体成员环境利益与环境公共利益密不可分；但另一方面，环境公共利益与个体利益在内容上并不具有同等性和可比性。因此，环境公益诉讼与基于传统理论的环境侵权损害个案救济的私益诉讼有着根本的不同，其诉讼主张指向的是环境公共利益而非某个人或某些人的环境利益。"❷

如果说环境刑事诉讼有着明确的原告即检察机关代表国家对实施环境犯罪的环境法律关系主体提起公诉，那么在一些学者看来，一般环境公益诉讼的原告资格则成了值得讨论的重要话题，有些学者则基于一般环境公益诉讼原告不确定这一理由来否定这种环境权利救济机制。笔者认为，一般环境公益诉讼中原告资格不应该成为这一环境权救济机制发挥其功能的障碍，因为正如美国的公民诉讼制度所展示的

---

❶ 张峰：《自然的权利》，山东人民出版社 2006 年版，第 214 页。
❷ 张峰：《自然的权利》，山东人民出版社 2006 年版，第 217 页。

那样，对于一般环境公益诉讼应该尽量降低其原告适格门槛，只要相应的环境法律关系主体认为自己的环境权利受到了直接或间接的侵害或存在侵害之虞，就可以代表那些环境权利同样可能受到同一侵害的主体来向法院提起环境公益诉讼，甚至即使自然人或者自然人组织的环境权利并没有受到侵害，但自然人或者自然人组织认为有关环境法律关系主体的环境行为可能对人类整体的环境权利造成侵害，就可以向法院提起有关环境公益诉讼，要求相关主体停止有关侵害行为。

无论是环境私益诉讼还是环境公益诉讼，作为基本的环境权利救济的程序性机制，如何完善相应的程序性制度或诉讼制度，是我们必须予以认真思考和妥善解决的关键问题。环境诉讼救济机制是建立在我国三大诉讼法基础之上，可以根据环境诉讼的性质，即是属于环境民事诉讼、环境行政诉讼还是环境刑事诉讼，来选择相应的诉讼程序。不过环境诉讼毕竟不同于一般的民事、行政或刑事诉讼，它有自身的特点和程序性需要。对此，我们应该结合环境诉讼的特性，在实践中不断建立和完善相应的环境诉讼程序制度。我们可以借鉴吕忠梅教授关于环境民事诉讼正当程序的论述及相应的建议。"从系统科学的角度讲，完善的环境民事诉讼制度，应当包含诉讼的主体、诉讼的客体、诉讼的权利和义务、机构设置、物质支持、人员安排等各方面的制度性安排。从制度实现的角度讲，它应该表现为以下内容：（1）建立确保利害关系人参加的程序……（2）建立关于参加'场所'的保障程序……（3）建立程序过程及结果展示程序。"❶ 总之，要想构建和谐的环境法律关系，必须将注意力逐渐转移到有关环境救济机制尤其是有关环境诉讼的程序性制度完善之上，一旦环境权利受到侵害或有侵害之虞，便能够及时而充分地获得救济，这样才可能真正实现环境法律关系的和谐。

（四）环境职权的规范行使

和谐环境法律关系的建构离不开环境职权的保障。本书所谓的环境职权主要指的是环境行政机关依法所享有的环境监管、环境保护和环境教育等公共职权。我们于前文中曾指出，环境职权的正确设定是

---

❶ 吕忠梅：《沟通与协调之途——论公民环境权的民法保护》，中国人民大学出版社2005年版，第293页。

和谐环境法律关系实体性建构的重要内容之一。我们此处要讨论的是，如何从程序上来规范和约束环境职权的行使，避免因环境职权的违法或不当行使侵害到其他环境法律关系主体的环境权利，从而保障和谐环境法律关系的建构。

环境职权本质上也是行政权的一种，属于国家公权力的范畴。尽管公权力应该规范行使并为私权利服务是一项基本的法律理念，但在实践中，公权力却时常成为侵害私权利的祸首。对此，除了从法律上进行实体性限制，如严格规定公权力的权限范围等之外，通过程序性制度的设定来规范和约束是各国普遍采用的有效措施之一。我国的环境法律规范中有许多关于环境职权的规定，有关环境行政机关也据此获得了大量的环境职权。例如，《环境保护法》第54条："国务院环境保护主管部门统一发布国家环境质量、重点污染源监测信息及其他重大环境信息。省级以上人民政府环境保护主管部门定期发布环境状况公报。县级以上人民政府环境保护主管部门和其他负有环境保护监督管理职责的部门，应当依法公开环境质量、环境监测、突发环境事件以及环境行政许可、行政处罚、排污费的征收和使用情况等信息。县级以上地方人民政府环境保护主管部门和其他负有环境保护监督管理职责的部门，应当将企业事业单位和其他生产经营者的环境违法信息记入社会诚信档案，及时向社会公布违法者名单。"这是关于环境行政机关监督检查职权的规定。第60条："企业事业单位和其他生产经营者超过污染物排放标准或者超过重点污染物排放总量控制指标排放污染物的，县级以上人民政府环境保护主管部门可以责令其采取限制生产、停产整治等措施；情节严重的，报经有批准权的人民政府批准，责令停业、关闭。"这是关于环境行政部门行政处罚权的规定。

无论是环境监督检查权还是环境行政处罚权，或者其他依法由环境行政部门行使的环境职权，设定的出发点都是加强对环境的保护，维护或创设和谐的环境法律关系秩序。然而，任何公权力，如果不进行有效的规范或制约，都有可能被滥用，环境职权也不例外。遗憾的是，我国环境法律规范大多只是注重环境职权的设定或授予，对环境职权应该怎样行使缺乏具体的程序性规定，这导致在实践中环境职权的行使缺乏有效的程序性规范或约束。对此，正如环境权利的司法救济需要借助相应的正当程序一样，环境职权的行使也要通过正当的行政程序来进行。由于各种原因，我国目前还没有出台行政程序法典，这也使包括环境职权在内的各类行政权的行使并没有得到真正系统有效的程序性规范制约，不能不说这是我国立法工作的一大缺憾。

当然，环境职权的行使程序的设置并不必然要等行政程序法的出台，也可以通过其他环境法律规范来加以规定。因此，笔者建议，有关立法机关尤其是国务院或者国务院环境行政主管部门，结合环境职权的内容及其行使的特点等，及时出台一部环境程序法。立法目的之一便是为环境职权的行使建立一套行之有效的行政程序，以此来规范和约束环境职权的行使，从而为和谐环境法律关系的建构提供重要保障。

总之，和谐环境法律关系的建构需要从多个方面入手，既包括环境法律关系主体主观意识层面，也包括环境法律关系内容的制度性设计层面，还包括环境权保障和救济以及环境职权规范行使的程序性规定的层面。只有综合做好这些层面的工作，和谐的环境法律关系才有可能真正实现，而我们所面临的各类环境问题尤其是第二环境问题才有可能从根本上得到解决，或者至少不使我们的生存环境继续恶化下去。这样，我们一直为之努力的和谐社会的建构将真正获得实质性的保障和进展，人与自然和谐相处的关系也才能真正得以形成。

参考文献

一、著作类

[1] 张小平. 全球环境治理的法律框架［M］. 法律出版社，2008.

[2] 韩德培. 环境保护法教程［M］. 法律出版社，2005.

[3] 何广顺，王晓惠，周怡圃等. 基于区域经济发展的渤海环境立法研究［M］. 海洋出版社，2009.

[4] 王婷. 三峡地区环境法治概论［M］. 法律出版社，2007.

[5] 吕忠梅. 超越与保守——可持续发展视野下的环境法创新［M］. 法律出版社，2003.

[6] 张文显. 法学基本范畴研究［M］. 中国政法大学出版社，1993.

[7] 孙国华主编. 法理学［M］. 法律出版社，1995.

[8] 谢晖，陈金钊. 法理学［M］. 高等教育出版社，2005.

[9] 梁慧星. 民法总论［M］. 法律出版社，1996.

[10] 蔡守秋. 调整论——对主流法理学的反思与补充［M］. 高等教育出版社，2003.

[11] 金瑞林. 环境法学［M］. 北京大学出版社，1990.

[12] 吕忠梅. 环境法［M］. 法律出版社，1997.

[13] 严存生. 法律的价值［M］. 陕西人民出版社，1991.

[14] 谢晖. 法律意义的追问［M］. 商务印书馆 2003.

[15] 徐嵩龄. 环境伦理学进展：评论与阐释［M］. 社会科学文献出版社，1999.

[16] 白平则. 人与自然和谐关系的构建——环境法基本问题研究［M］. 中国法制出版社，2006.

[17] 世界环境与发展委员会. 我们共同的未来［M］. 王之佳，等，译. 吉林人民出版社，1997.

[18] 汪劲. 地方立法的可持续发展评估：原则、制度与方法［M］. 北京大学出版社，2006.

[19] 王海明. 新伦理学［M］. 商务印书馆，2002.

[20] 胡静. 环境法的正当性与制度选择［M］. 知识产权出版社，2009.

[21] 陈金钊主编. 法理学——本体与方法［M］. 法律出版社，1996.

［22］谢晖，陈金钊．法理学［M］．高等教育出版社，2005．

［23］佟柔．中国民法［M］．法律出版社，1990．

［24］江山．人际同构的法哲学［M］．中国政法大学出版社，2002．

［25］马俊驹，余延满．民法原论（上）［M］．中国法制出版社，2000．

［26］吕忠梅．环境法学［M］．法律出版社，2004．

［27］蔡守秋．环境资源法学［M］．人民法院出版社，2003．

［28］公丕祥主编．法理学［M］．复旦大学出版社，2002．

［29］程正康．环境法概要［M］．光明日报出版社，1986．

［30］张震．作为基本权利的环境权研究［M］．法律出版社，2010．

［31］陈泉生，张梓太．宪法与行政法的生态化［M］．法律出版社，2001．

［32］蔡守秋．环境政策法律问题研究［M］．武汉大学出版社，1999．

［33］吕忠梅．环境法新视野［M］．中国政法大学出版社，2000．

［34］陈泉生．宪法与行政法的生态化［M］．法律出版社，2001．

［35］陈泉生．环境法原理［M］．法律出版社，1997．

［36］李玉文．环境科学概念［M］．经济科学出版社，1999．

［37］周训芳．环境权论［M］．法律出版社，2003．

［38］吴卫星．环境权研究——公法学的视角［M］．法律出版社，2007．

［39］徐祥民，田其云等．环境权——环境法学的基础研究［M］．北京大学出版社，2004．

［40］梅仲协．民法要义［M］．中国政法大学出版社，1998．

［41］魏振瀛．民法［M］．北京大学出版社，2000．

［42］孙笑侠主编．法理学［M］．中国政法大学出版社，1996．

［43］沈宗灵．法理学［M］．高等教育出版社，1994．

［44］沈宗灵主编．法理学［M］．高等教育出版社，2004．

［45］张文显主编．法理学［M］．高等教育出版社，北京大学出版社，1999．

［46］周永坤．法理学［M］．法律出版社，2004．

［47］陈金钊主编．法理学［M］．北京大学出版社，2002．

［48］李廉．辩证逻辑［M］．安徽人民出版社，1982．

［49］吕忠梅．沟通与协调之途——论公民环境权的民法保护［M］．中国人民大学出版社，2005．

［50］张梓太，吴卫星．环境保护法概论［M］．中国环境科学出版社，2003．

［51］张峰．自然的权利［M］．山东人民出版社，2006．

［52］朱虎．法律关系与私法关系——以萨维尼为中心的研究［M］．中国法制出版社，2010．

［53］刘杰．知情权与信息公开法［M］．清华大学出版社，2005．

[54] 李艳芳. 公众参与环境影响评价制度研究［M］. 中国人民大学出版社，2004.

[55] 曹明德. 环境侵权法［M］. 法律出版社，2000.

[56] 王明远. 环境侵权救济法律制度［M］. 中国法制出版社，2001.

[57] ［英］克莱夫·庞廷. 绿色世界史——环境与伟大文明的衰落［M］. 王毅，张学广，译. 上海人民出版社，2002.

[58] ［美］丹尼尔·E. 科尔. 污染与财产权——环境保护的所有权制度比较研究［M］. 严厚福，王社坤，译. 北京大学出版社，2009.

[59] ［美］庞德. 通过法律的社会控制——法律的任务［M］. 沈宗灵，董世忠译. 商务印书馆，1984.

[60] ［日］尾关周二. 共生的理想［M］. 卞崇道，等，译. 中央编译出版社，1996.

[61] ［德］黑格尔. 法哲学原理·序言［M］. 范扬，张企泰，译. 商务印书馆，1995.

[62] ［英］梅因. 古代法［M］. 沈景一，译. 商务印书馆，1996.

[63] 法国民法典［M］. 马育民，译. 北京大学出版社，1982.

[64] ［英］简·汉考克. 环境人权：权力、伦理与法律［M］. 李隼，译. 重庆出版社，2007.

[65] ［美］爱迪丝·布朗·魏伊丝. 公平地对待未来人类［M］. 汪劲，等，译. 法律出版社，2000.

[66] ［德］拉伦茨. 德国民法通论［M］. 谢怀栻，等，译. 法律出版社，2004.

[67] ［奥］凯尔森. 法与国家的一般理论［M］. 沈宗灵，译. 中国大百科全书出版社，1996.

[68] ［德］鲁道夫·冯·耶林. 法学的概念天国［M］. 何伟才，于庆生，译. 法律出版社，2009.

二、论文类

[1] 李红卫. 生态文明建设——构建和谐社会的必然要求［J］. 学术论坛，2007（6）.

[2] 韩香花. 生态文明建设与和谐社会的构建［J］. 山西高等学校社会科学学报，2010（9）.

[3] 周小喜. 从天人关系的发展演变到和谐社会的构建［J］. 湖南广播电视大学学报，2011（1）.

[4] 王诗堂. 对社会主义和谐社会的系统论解读［J］. 武汉学刊，2009（4）.

[5] 徐秉国，王炜. 论和谐共生的生态价值观与和谐社会的构建［J］. 河南师范大学学报（哲学社会科学版），2010（1）.

［6］周旺生. 中国法制理论40年检讨［A］. 张文显，李步云. 法理学论丛（第1卷）［M］. 法律出版社，1999.

［7］童之伟. 法律关系的内容重估和概念重整［J］. 中国法学，1999（6）.

［8］李爱年. 环境保护法不能直接调整人与自然的关系［J］. 法学评论，2002（3）.

［9］李挚萍. 试论法对人与自然关系的调整［J］. 中山大学学报（社会科学版），2001（2）.

［10］郭红欣. 环境保护法能够调整人与自然的关系——兼与李爱年教授商榷［J］. 法学评论，2002（6）.

［11］蔡守秋. 环境法律关系新论——法理视角的分析［J］. 金陵法律评论，2003年春季卷.

［12］李艳芳. 关于环境法调整对象的新思考——对"人与自然关系法律调整论"的质疑［J］. 法学家，2002（3）.

［13］张瑞萍，严衍畅. 论环境法的价值理念与实现途径［J］. 商业时代，2009（3）.

［14］金杰，喻永红. 环境法价值概念之界定［J］. 经济与社会发展，2006（9）.

［15］刘超. 多重视野下的环境法价值［J］. 贵州警官职业学院学报，2007（5）.

［16］刘建辉. 论环境法的价值［J］. 河北法学，2003（2）.

［17］蔡守秋，万劲波，刘澄. 环境法的伦理基础：可持续发展观——兼论"人与自然和谐相处"的思想［J］. 武汉大学学报（社会科学版），2001（4）.

［18］汪信砚. 环境伦理何以可能［J］. 哲学动态，2004（11）.

［19］张峰，姚昌. 自然权利的批判与辩护［J］. 中国人口：资源与环境，2006（3）.

［20］李义天. "主体"的论争与重建——对环境伦理学两种基本伦理纲领的梳理与思考［J］. 唐都学刊，2005（3）.

［21］高利红. 环境法学的核心理念——可持续发展［J］. 法商研究，2005（1）.

［22］龙卫球. 法律主体概念的基础性分析——兼论法律的主体预定理论（上）［J］. 学术界，2000（3）.

［23］李萱. 法律主体资格的开放性［J］. 政法论坛，2008（5）.

［24］曹新明，夏传胜. 抽象人格论与我国民事主体制度［J］. 法商研究，2000（4）.

［25］李明华. 论合伙企业的民事权利能力［J］. 四川师范大学学报（社会科学版），2000（2）.

［26］张晓鸥，吴一鸣. 论"其他组织"的法律地位：兼论民事主体标准［J］. 南通职业大学学报，2003（2）.

[27] 陈华，刘勇．合伙可以成为独立的民事主体和民事诉讼主体 [J]．法商研究，1999（5）．

[28] 李拥军．从人可非人到非人可人：民事主体制度与理念的历史变迁——对法律"人"的一种解析 [J]．法制与社会发展，2005（2）．

[29] 卢见．自然的主体性和人的主体性 [J]．湖南师范大学社会科学学报，2000（2）．

[30] 余正荣．自然的自身价值及其对人类价值的承载 [J]．自然辩证法研究，1996（3）．

[31] 袁祖社．对非人类中心主义"自然界内在价值"观的质疑与辨析 [J]．社会科学研究，2002（1）．

[32] 刘书俊．环境法律主体张力之非人生命体法权 [J]．环境与可持续发展，2009（5）．

[33] 张峰．走出自然权利认识的误区 [J]．政法论丛，2007（4）．

[34] 严春友．主体性批判 [J]．社会科学辑刊，2000（3）．

[35] 郑友德，段凡．一种理念的诠释：动物法律主体地位之思考 [J]．华中科技大学学报·社会科学版，2004（6）．

[36] 江山．法律革命：从传统到现代——兼谈环境资源法的法理问题 [J]．比较法研究，2000（1）．

[37] 李萱，江山．动物如何不是物 [J]．河南社会科学，2003（6）．

[38] 徐昕．论动物法律主体资格的确立——人类中心主义法理念及其消解 [J]．北京科技大学学报（社会科学版），2002（1）．

[39] 陈本寒，周平．动物法律地位之探讨 [J]．中国法学，2002（6）．

[40] 许翠霞．动物真的能够成为法律主体吗？——关于法律主体的前提性说明 [J]．安徽大学学报（哲学社会科学版），2010（6）．

[41] 杨立新，朱呈义．动物法律人格之否定——兼论动物之法律"物格" [J]．法学研究，2004（5）．

[42] 陈红梅．后代人环境法主体地位的构建 [J]．西南民族大学学报·人文社科版，2004（5）．

[43] 张志铭．中国社会主义法律关系新探 [J]．中国法学，1989（5）．

[44] 张瑞萍．从"代际公平"理论反思民事主体制度的价值 [J]．比较法研究，2003（5）．

[45] 曹明德．论生态法律关系 [J]．中国法学，2002（6）．

[46] 蔡守秋．环境权初探 [J]．中国社会科学，1982（3）．

[47] 吕忠梅．论公民环境权 [J]．法学研究，1995（6）．

[48] 徐祥民．环境权论——从人权发展的历史分期谈起 [J]．2003 年中国环境

资源法学研讨会中国海洋大学法学院论文集.

［49］周训芳. 环境概念与环境法对环境概念的选择［J］. 安徽工业大学学报（社会科学版），2002（5）.

［50］陈泉生. 环境权之辨析［J］. 科技与法律，1994（3）.

［51］徐祥民. 对"公民环境权"投反对票［J］. 2003 年中国环境资源法学研讨会中国海洋大学法学院论文集.

［52］陈泉生. 环境时代与宪法环境权的创设［J］. 福州大学学报（哲学社会科学版），2001（4）.

［53］张景明. 环境知识产权与环境债权问题初探［J］. 东岳论丛，2009（11）.

［54］肖俊. 环境监管法律关系理论解析与立法完善［J］. 中国环境管理干部学院学报，2010（1）.

［55］徐兴峰. 环境权——环境法学的基石［J］. 环境与开发，1996（2）.

［56］王圣礼. 论环境法律关系主体与客体［D］. 重庆：西南政法大学，2008.

［57］孙英伟. 法律关系客体析疑［J］. 河北师范大学学报（哲学社会科学版），2010（6）.

［58］张志刚，周才云. 和谐社会视角下的生态文明建设［J］. 理论探索，2011（1）.

［59］徐显明. 和谐权：第四代人权［J］. 人权，2006（2）.

［60］陈泉生. 环境侵权概念初探［J］. 政法学报，1994（2）.

三、外文资料类

［1］Peter Davies, EC Environmental Law and Policy［M］. Clarendon Press, 1992.

［2］Philippe Sands, Principles of International Environmental Law, (2ed edition)［M］. Cambridge University Press, 2003.

［3］Lawrence E. Susskind, Environmental Diplomacy：Negotiating More Effective Global Agreements［M］. Oxford University Press, 1994.

［4］Robert V. Percival, Christopher H. Schroeder, Alan S. Miller, et al, Environmental Regulation：Law, Science and Policy［M］. ASPEN, 2003.

［5］Betsill M. Environmental NGOs meet the sovereign taste：the Kyoto Protocol negotiations on global climate change［J］. Colorado Journal of International Environmental Law and Policy, 2002, 13（1）.

玛珈山法政文丛书目

1. 孙希尧　　著　　国际海事私法统一研究：条约角度
2. 弭　维　　著　　道德之维：自然法和法律实证主义视角下的德法关系研究
3. 刘　洋　　著　　现代政治价值体系建构：西方国家的探索之路
4. 孙卓华　　著　　乔治·弗雷德里克森的公共行政思想研究——以社会公平思想为主线
5. 范广垠　　著　　政府管理主体的行为互动逻辑
6. 马艳朝　　著　　制度规则与公共秩序：当代中国信访违规行为的惩罚问题研究
7. 张景明　　著　　和谐理念下环境法律关系研究
8. 武　飞　等著　　社会主义法治理念与法律方法研究
9. 赵　沛　　著　　政治与社会互动：西汉政治史的视角
10. 孙光宁　等著　　网络民主在中国：互联网政治的表现形式与发展趋势